Treinamento funcional e *core training*

CB016197

Treinamento funcional e *core training*

Exercícios práticos aplicados

2ª edição revisada e ampliada

Alexandre Lopes Evangelista
Jônatas Macedo

Phorte editora

São Paulo, 2015

Rua Rui Barbosa, 408
Bela Vista – São Paulo – SP
CEP 01326-010
Tel/fax: (11) 3141-1033
Site: www.phorte.com.br
E-mail: phorte@phorte.com.br

CIP-BRASIL. CATALOGAÇÃO-NA-FONTE
SINDICATO NACIONAL DOS EDITORES DE LIVROS, RJ

E92t
2. ed.

Evangelista, Alexandre Lopes
Treinamento funcional e core training : exercícios práticos aplicados / Alexandre Lopes

Evangelista, Jônatas Macedo. - 2. ed. rev. ampl. - São Paulo : Phorte, 2015.
il. ; 24 cm.

Inclui bibliografia
Inclui DVD
ISBN 978-85-7655-573-5

1. Exercícios físicos - Aspectos fisiológicos. 2. Aptidão física. I. Macedo, Jônatas. II. Título.

15-22750   CDD: 613.71

CDU: 613.71

ph1155.2

Este livro foi avaliado e aprovado pelo Conselho Editorial da Phorte Editora.

Impresso no Brasil
Printed in Brazil

Agradecimentos

À minha esposa e à minha filha. Amo vocês.

A meus pais, pelo amor, pelo carinho e pela dedicação.

A todos os amigos/parceiros de jornada acadêmica.

A todos os alunos que me incentivam a nunca desistir.

Aos meus guias, que sempre me abriram os caminhos.

Alexandre Lopes Evangelista

Agradeço a Deus pelo dom da vida.

A meu irmão, minhas irmãs, minha mãe e meu pai, por tudo o que me ensinaram e por me edificarem como homem.

Aos meus alunos, pela admiração e pela crença em meus ensinamentos.

Mara e Raíssa, é por vocês que acordo todos os dias e tento fazer o melhor. Obrigado pelo encorajamento, pela paciência e, o mais importante, por acreditarem.

Jônatas Macedo

"Eu andarei vestido e armado com as armas de São Jorge para que meus inimigos, tendo pés não me alcancem, tendo mãos não me peguem, tendo olhos não me vejam, e nem em pensamentos eles possam me fazer mal.

Armas de fogo o meu corpo não alcançarão, facas e lanças se quebrem sem o meu corpo tocar, cordas e correntes se arrebentem sem o meu corpo amarrar."

Trecho de Oração a São Jorge

Apresentação

Um livro é uma maneira de imortalizar ideias, aprendizagem, ensinamentos, opiniões e, principalmente, conhecimento, por isso, me sinto honrado em apresentar a obra *Treinamento funcional e core training: exercícios práticos aplicados*, em que a competência e a seriedade dos autores, Alexandre Lopes Evangelista e Jônatas Macedo, são somadas aos seus anos de experiência prática e teórica.

Os autores mostram com clareza as bases do treinamento do *core* e do treinamento funcional, detalhando os músculos e suas funções, e como unir estabilidade e força, utilizando uma vasta literatura atualizada, o que vem engrandecer ainda mais a obra.

O livro mostra, também, os benefícios do treinamento do *core* e sua importância para a qualidade de vida, para os esportes de alto rendimento, e vem afirmar que o treinamento funcional não é um modismo passageiro, ele sempre existiu e, agora, começa a ser estudado detalhadamente. Os autores conseguem com maestria aplicar os princípios do treinamento desportivo no treinamento funcional, e demonstram como deve ser conduzido para iniciantes, intermediários e avançados, relatando a importância da respiração no treinamento funcional e sua influência nos músculos do *core*.

Os autores brindam os leitores e profissionais de Educação Física com uma enorme gama de exercícios livres, com bola suíça, com elásticos, plataformas instáveis, no Bosu®, com *medicine ball* e com DISQ, mostrando o grau de dificuldade de cada exercício, com mais de duzentas fotografias que possibilitam a sua total compreensão.

Por fim, agradeço de coração ao Alexandre Lopes Evangelista, ao Jônatas Macedo e à Phorte Editora por esta obra magnífica, que vem fazer parte do meu acervo e de todos os profissionais que atuam no treinamento funcional, treinamento desportivo, *fitness* e áreas afins.

Luis Cláudio Bossi
Mestre em Metodologia do Treinamento Desportivo pelo
Instituto Superior de Cultura Física Manuel Fajardo, Havana, Cuba (2004).

Prefácio

Capacidade funcional é a habilidade para realizar as atividades simples do cotidiano com eficiência, autonomia e independência. O sedentarismo e o envelhecimento são dois fatores que têm grande impacto na deterioração de vários sistemas fisiológicos e comprometem as qualidades físicas, diminuindo a capacidade funcional do corpo humano.

A prática de exercícios que podem manter ou recuperar a capacidade funcional é fundamental para todo ser humano, independentemente da fase da vida em que se encontra. O treinamento funcional é uma importante ferramenta para melhorar o condicionamento físico e a saúde geral, com ênfase no aprimoramento da capacidade funcional do corpo humano.

A obra *Treinamento funcional e core training: exercícios práticos aplicados* nos apresenta as bases do treinamento funcional e do treinamento do *core*, detalhando os músculos, suas funções e como alinhar estabilidade e força. Expõe, ainda, os benefícios que essas modalidades de treinamento trazem para o incremento da qualidade de vida e para melhores resultados em esportes de alta *performance.*

Alexandre Lopes Evangelista e Jônatas Macedo aplicam, com clareza e excelência, os princípios do treinamento desportivo no treinamento funcional e demonstram uma coletânea extensa de exercícios livres, com elásticos, sobre plataformas instáveis, no Bosu®, *medicine ball* e outros aparelhos. Enfatizam também a importância da respiração durante a execução do treino e sua influência nos músculos do *core*. Há fotos que possibilitam a total compreensão dos exercícios, os quais são classificados por grau de dificuldade e sua aplicabilidade para atletas iniciantes, intermediários e avançados.

Os autores tratam o assunto de maneira didática, apresentando as informações de maneira clara e com referências sólidas na literatura científica. Somam, ainda, ampla experiência prática com mais de centenas de horas ministradas.

Agradeço por ter o enorme prazer e honra em prefaciar esta obra, que é de leitura obrigatória para todos os profissionais da área da saúde, principalmente aos professores de Educação Física, fisioterapeutas e médicos.

Marcel Brunetto
Médico com residência em clínica médica (2006)
e em hematologia e hemoterapia (2008)

Sumário

Bases do treinamento do *core* e do treinamento funcional

Alexandre Lopes Evangelista | Jônatas Macedo

O treinamento funcional, hoje em dia, é um dos métodos de treinamento que mais cresceu no país e no mundo. Diante dessa situação, diversos profissionais vêm se utilizando do treinamento funcional para atingir os mais diversos objetivos com seus clientes (desde a melhora da qualidade de vida até o aumento do desempenho). A grande vantagem, segundo os próprios clientes e profissionais, é a dinâmica e, consequentemente, a motivação proporcionada pelo treino.

Apesar da diversão e sucesso, muitas perguntas ficam sem respostas quando falamos em estruturação e planejamento do treinamento, seja em curto, médio ou longo prazo: "Qual a progressão ideal a ser seguida?", "Quais as adaptações e cuidados que devem ser tomados quando falamos em atingir os objetivos dos mais diversos clientes?" são perguntas que, muitas vezes, ficam sem respostas.

Antes de tudo, é necessário que algumas dúvidas sejam esclarecidas em relação a conceitos básicos para o bom entendimento do assunto em questão, portanto, vamos começar.

1.1 Os músculos do *core*: definições e funções

O treinamento do *core* tem por objetivo gerar a estabilidade necessária para evitar o aparecimento de lesões ou, ainda, auxiliar no desenvolvimento de atividades relacionadas à *performance*. Os primeiros conceitos básicos a respeito do assunto começaram a ser definidos nas décadas de 1980 e 1990 em pesquisas extremamente importantes para o entendimento de dores e lesões na região lombar utilizando exercícios que estimulassem o tronco e os quadris (Hodges e Richardson, 1996; Stanton, Reaburn e Humphries, 2004; Hall, 2009).

O *core* é composto por 29 pares de músculos do tronco, pelve e quadris. Suas principais funções são: manter o alinhamento, favorecer a base de suporte do corpo, prevenir lesões e gerar força. E, caso a estabilidade seja falha, deve ser treinado em primeiro lugar (Behm e Anderson, 2006; Monteiro e Evangelista, 2009).

Segundo Akuthota e Nadler (2004), o *core* é composto por músculos globais e músculos locais. Enquanto os locais geram a estabilização, os globais auxiliam o corpo a executar movimentos específicos. No Quadro 1.1 podemos visualizar os principais deles e suas respectivas ações.

Quadro 1.1 – Músculos globais e locais

Globais	Locais
Reto abdominal Ação: aumento da pressão intra-abdominal (expiração, vômito, defecação, micção e parto).	**Multífidos** Ação: estabilização e extensão da coluna vertebral além da rotação e flexão lateral.
Oblíquo externo Ação: Contração unilateral: Rotação com tórax girando para o lado oposto. Contração bilateral: flexão do tronco e aumento da pressão intra-abdominal.	**Psoas maior** Ação: flexão da coxa, flexão da coluna lombar (30° a 90°) e inclinação homolateral.
Oblíquo interno (fibras anteriores) Ação: igual ao oblíquo externo, porém realiza rotação do tórax para o mesmo lado.	**Transverso do abdômen** Ação: aumento da pressão intra-abdominal e estabilização da coluna lombar.
Iliocostais (porção torácica) Ação: • Unilateral: fletem lateralmente a cabeça ou a coluna. • Bilateral: estendem a cabeça e parte ou toda a coluna.	**Quadrado lombar** Ação: inclinação homolateral do tronco e depressão da 12ª costela.

Continua

Continuação

Globais	Locais
	Diafragma Ação: quando em estado de relaxamento, o diafragma tem formato de abóbada. Durante a inspiração esse músculo se contrai, e ao se distender aumenta a capacidade do tórax. Nesse processo, o ar tende a entrar nos pulmões para compensar o vazio gerado. No momento em que esse músculo entra em relaxamento, o ar acumulado é expulso. Outra importante característica do diafragma é sua ajuda no processo de digestão dos alimentos. Ao se contrair, o diafragma faz pressão sobre o abdômen. Os movimentos do diafragma também são importantes para: tosse, espirro, parto e no processo de defecação.
	Oblíquo interno (fibras posteriores) Ação: igual ao do oblíquo externo; realiza, porém, rotação do tórax para o mesmo lado.
	Iliocostais e longuíssimo (porção lombar) Ação: extensão da coluna vertebral, quando ativos de um lado só fazem flexão lateral.

Fonte: adaptado de Akuthota e Nadler, 2004.

Outros músculos que devem ser levados em consideração são os glúteos, (Figura 1.1), os músculos do assoalho pélvico (Figura 1.2) e a fáscia toracolombar como auxiliares na estabilização e mobilidade (Monteiro e Evangelista, 2009).

Os glúteos agem realizando diversos movimentos dos quadris e auxiliam na estabilização do tronco, o que contribui para o desenvolvimento de força e potência, principalmente em movimentos com as pernas em posições anteroposteriores (Putnam, 1993).

Os músculos do assoalho pélvico, ao serem contraídos, suspendem os órgãos pélvicos, mantendo-os em suas posições normais e evitando que os ligamentos (que amarram esses órgãos aos ossos, como cordas) sejam sobrecarregados e lesionados.

Por fim, a fáscia toracolombar cobre os músculos profundos (intrínsecos) do dorso. Esses músculos controlam a coluna vertebral atuando em conjunto com outros músculos. Isso permite que o *core* seja integrado em uma cadeia cinética em movimentos específicos, por exemplo, o arremesso (Young et al., 1996).

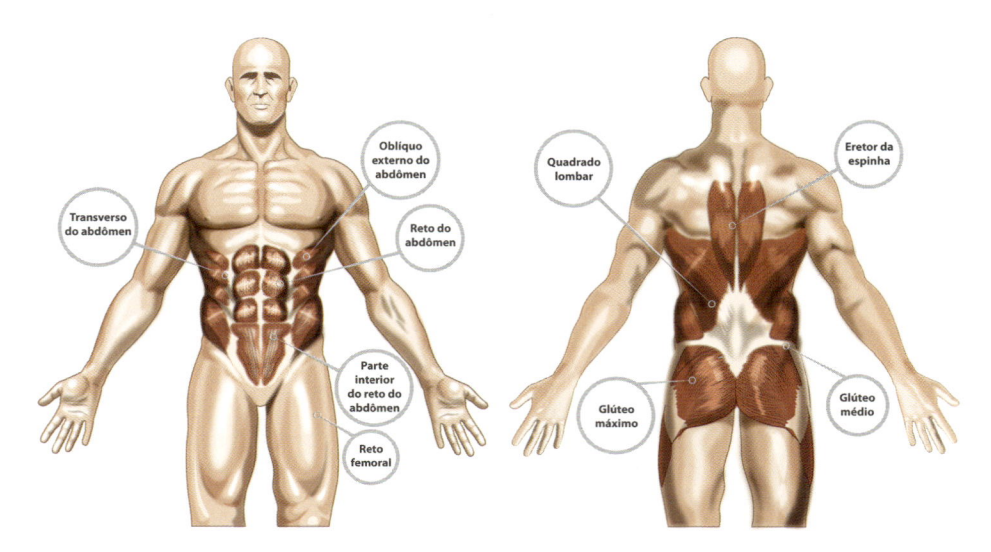

FIGURA 1.1 – Ilustração dos principais músculos do *core*: uma visão resumida.

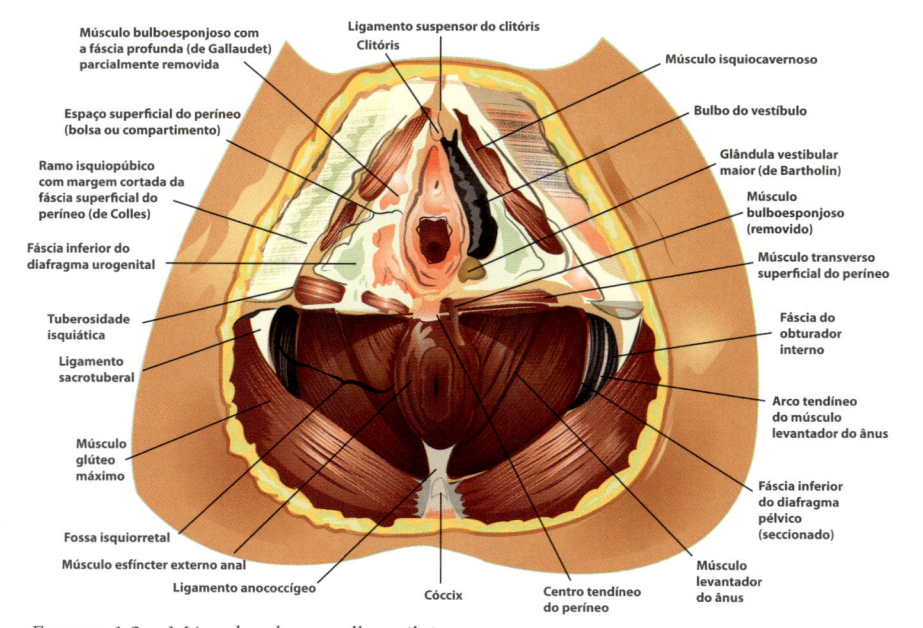

FIGURA 1.2 – Músculos do assoalho pélvico.

1.2 Estabilidade e força do *core*

Apesar do que muitos podem pensar, existem diferenças consideráveis em relação ao treinamento voltado para a estabilidade do *core* e o treinamento direcionado à força do *core* (Hibbs et al., 2008).

A estabilidade do *core* é extremamente indicada para diminuição da incidência de lesões e do aparecimento da dor lombar referida. Além disso, a estabilidade da região central do corpo é um componente fundamental para maximizar a eficiência atlética por meio da ativação de cadeia cinética que gerará melhoras no posicionamento e na velocidade de movimento. Prova disso é que atletas de beisebol submetidos a treinamento do *core* (10 semanas) tiveram aumento na precisão do arremesso em 19% (Hrysomallis, 2007).

No Quadro 1.2, podemos encontrar as principais definições da literatura em relação à estabilidade e força do *core*.

Quadro 1.2 – Estabilidade *versus* força do *core* segundo a literatura

Autores	Estabilidade do *core*	Força do *core*
Panjabi (1992)	Concentra-se em componentes ativos e passivos da coluna que requeiram grande controle do sistema neuromuscular. Baseada em limites seguros para aprimorar as atividades do dia a dia.	
Vezina e Hubley-Kozey (2000)	Exercícios com movimentos controlados, lentos, de pequena amplitude e que trabalhem abaixo de 25% da contração voluntária máxima.	Exercícios baseados em movimentos explosivos realizados da forma mais rápida possível, com grandes amplitudes e acima de 60% da contração voluntária máxima.
Faries e Greenwood (2007)	Estabilidade deve ser treinada em primeiro plano num programa de exercícios em longo prazo, com intuito de estabelecer correto controle motor. Esse tipo de trabalho prioriza o foco em baixa carga e longa duração (de 30 a 45 segundos em posição estática). O objetivo é o aumento no padrão de recrutamento de fibras de contração lenta.	A força do *core* deve ser enfatizada após o trabalho de estabilização por meio de exercícios baseados em altas cargas e baixo número de repetições. Melhora no padrão de recrutamento das fibras de contração rápida é o objetivo principal.

Continua

Continuação

Comeford (2008)	Exercícios com baixo padrão de ativação muscular nos quais o sistema nervoso central module e controle a integração no padrão de recrutamento dos músculos locais e globais.	Exercícios com alta sobrecarga que têm por intuito utilizar os músculos globais para gerar hipertrofia muscular e/ou desenvolver a potência.
Stephenson e Swank (2004)		Defendem que um programa com esse objetivo deve incluir também o treinamento da flexibilidade dos músculos abdominais e dos extensores e flexores dos quadris. Situações de instabilidade assim como exercícios dinâmicos e estáticos devem ser utilizados.

As Figuras 1.3, 1.4 e 1.5 demonstram, na prática, exemplos de exercícios para estimular a estabilidade e a força do *core*.

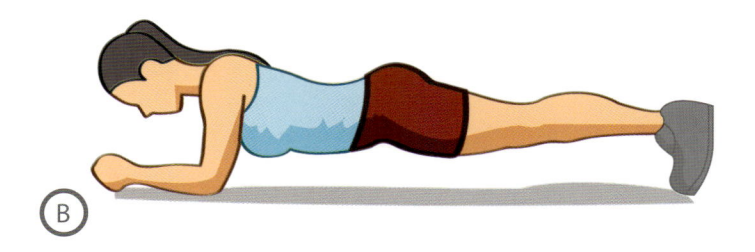

Figura 1.3 – Prancha: realizar de 2 a 3 séries mantendo por 10 a 15 segundos cada uma, sem bloquear a respiração. Os intervalos de descanso podem ir de 15 a 30 segundos.

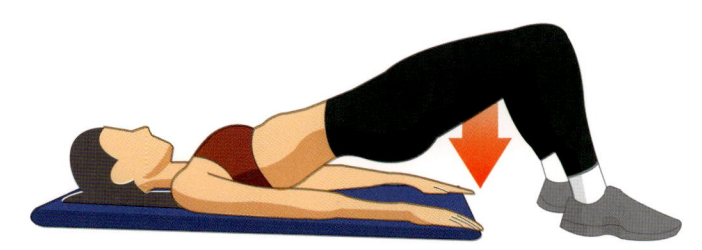

FIGURA 1.4 – Elevação de quadris: realizar de 2 a 3 séries mantendo por 10 a 15 segundos, cada uma sem bloquear a respiração. Os intervalos de descanso podem ir de 15 a 30 segundos.

Arranco alto suspenso

Arranco alto suspenso + *Push press*

Agachamento completo

Puxada

FIGURA 1.5 – Exemplos de exercícios que trabalham a força do *core*. São indicados apenas para alunos treinados ou para atletas. O número de séries e repetições depende do objetivo do treinamento, assim como o intervalo de recuperação.

1.3 Benefícios do treinamento do *core*

A instabilidade da coluna, assim como das articulações, durante os movimentos pode gerar lesões e favorecer o surgimento da dor (dor lombar referida, por exemplo). Normalmente, esta instabilidade está associada à falta de força e resistência dos grupamentos musculares responsáveis pela estabilização do tronco (Hibbs et al., 2008).

Dessa forma, é importante que qualquer tipo de fraqueza desses músculos seja identificada e trabalhada. Quando falamos em treinamento do *core* temos, basicamente, duas linhas de trabalho. Um delas voltada para a qualidade de vida e outra voltada para o esporte de alto rendimento (Hodges e Richardson, 1996; Brown, 2006).

1.3.1 Treinamento do *core* para qualidade de vida

A maioria das pesquisas com o foco no treinamento do *core* para a qualidade de vida está relacionada à diminuição na incidência da dor lombar referida. Hoje em dia, calcula-se que de 70% a 80% das pessoas no mundo inteiro têm ou terão algum problema relacionado à lombalgia. Esses episódios são mais frequentes em indivíduos entre 30 e 50 anos (Ridlle, 1998).

Quando falamos em aumento da estabilidade, segundo Anderson e Behm (2005), devemos pensar em músculos globais e locais. Os músculos locais seriam os responsáveis por gerar a estabilização antes de o movimento ocorrer. Eles são recrutados milésimos de segundos antes dos globais. Como exemplos de músculos locais, podemos citar os multífidos e o transverso do abdômen.

Já os globais, por sua vez, seriam recrutados após os locais terem gerado a estabilização necessária da coluna para que o movimento ocorra sem dor, sendo os responsáveis pelo auxílio na realização das atividades do dia a dia. Como exemplos de músculos globais, podemos citar o reto do abdômen e os eretores da espinha (Kiefer, Shirazi-Adl e Parnianpour, 1997).

Indivíduos com dor lombar referida mostram um "atraso" no padrão de recrutamento das unidades motoras dos músculos locais (que geram a estabilização). Sendo assim, os músculos locais são acionados ao mesmo tempo em que os globais (responsáveis pelo movimento). O acionamento simultâneo dos locais e globais gerará a dor, pois haverá o movimento sem a estabilização (Anderson e Behm, 2005).

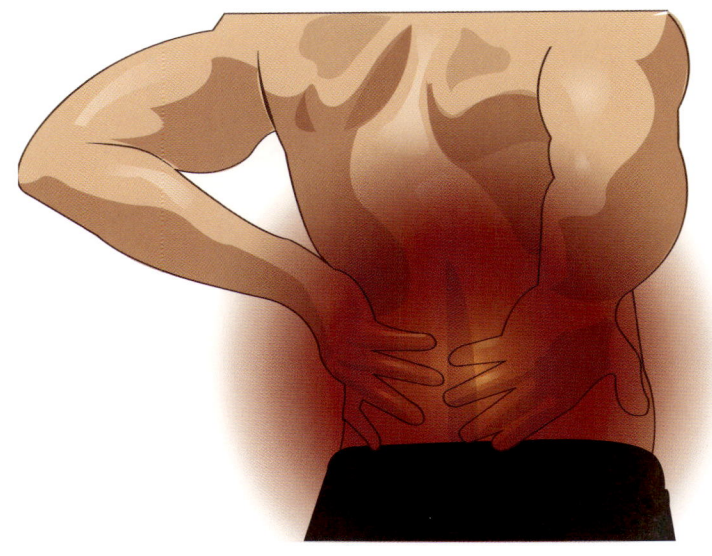

FIGURA 1.6 – Dor lombar referida. Um dos motivos para o aparecimento da dor lombar referida se dá pelo "atraso" no padrão de recrutamento dos músculos locais responsáveis pela estabilização da coluna.

Dessa forma, é muito comum, nos programas de exercícios voltados para qualidade de vida, ou de reabilitação, o uso da bola suíça com diversos benefícios documentados na literatura.

Behm, Anderson e Curnew (2002) afirmam que a bola oferece uma superfície instável que desafia os músculos do *core* e melhora a estabilidade, equilíbrio e propriocepção. Os autores, entretanto, afirmam que a utilização desse material não é indicada para o aumento da força do *core*, limitando-se apenas a desenvolver a estabilidade.

Sekendiz, Cug e Korkusuz (2010) elaboraram interessante estudo que teve por objetivo investigar os efeitos da bola suíça na força dos extensores e flexores do tronco, do quadríceps e bíceps femoral, nos abdominais, na flexibilidade e no equilíbrio dinâmico em mulheres sedentárias. Os treinos eram realizados com a bola três vezes na semana com 45 minutos de duração por sessão de treino durante 12 semanas.

Os exercícios utilizados podem ser visualizados nas Figuras 1.7 a 1.13.

FIGURA 1.7 – Abdominal na bola.

Figura 1.8 – Alternância de braços e pernas na bola suíça.

Figura 1.9 – Agachamento na bola.

FIGURA 1.10 – Ponte sobre os ombros na bola.

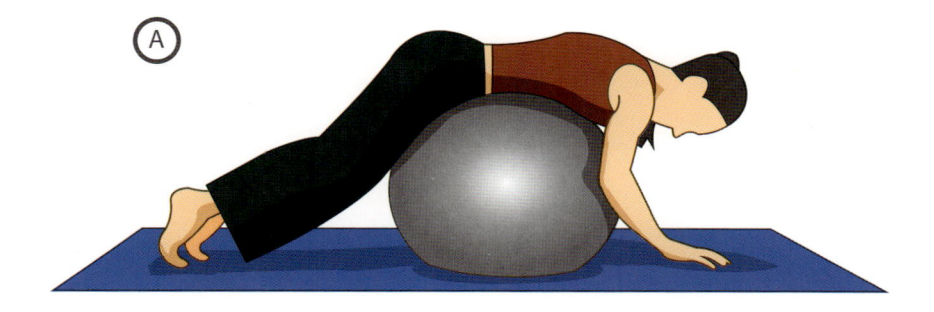

FIGURA 1.11 – Extensão lombar sobre a bola.

Figura 1.12 – Flexão sobre a bola.

Figura 1.13 – Elevação de pernas com a bola.

Todos os exercícios foram realizados, nas duas primeiras semanas, com 2 séries de 10 repetições, progredindo, então, para 3 séries de 12 repetições. Para minimizar o risco de lesões, todas as mulheres realizavam aquecimento de 10 minutos caminhando e, em seguida, alongavam com 2 séries de 15 segundos voltadas para os principais grupamentos musculares.

Os resultados demonstraram melhoras significativas em todas as variáveis analisadas, o que, na opinião dos autores, prova os benefícios da utilização da bola suíça na melhora da estabilidade do *core* e dos músculos analisados, sendo também bastante recomendada para reabilitação.

1.4 Treinamento do *core* para o esporte de alto rendimento

Inicialmente, devemos entender que existe uma lacuna em relação à comprovação dos benefícios no treinamento do *core* para o alto rendimento. Enquanto alguns estudos demonstram que o treinamento da região central do corpo influenciará positivamente a *performance* (Behm et al., 2010), outros refutam essa informação (Okada, Huxel e Nesser, 2011).

Apesar das divergências em relação às evidências científicas, o aumento da estabilidade muscular parece ser fundamental para o aumento da *performance* em quase todos os esportes (Roetert, 2001). Isso se deve, principalmente, à natureza tridimensional de muitos movimentos específicos das modalidades esportivas, o que obriga os atletas a terem boa força dos músculos do tronco para manter a estabilidade (Hibbs et al., 2008).

A partir desse ponto de vista, podemos inferir, por dados da literatura, que mesmo que alguns esportes requeiram bom equilíbrio e outros se foquem mais na força e simetria muscular, todos precisam de estabilidade da musculatura durante os movimentos multiplanares, uma vez que a falta dela pode resultar em técnicas ineficientes que predisporão o atleta a risco aumentado de lesão (Roetert, 2001).

Um bom exemplo disso é a dor lombar crônica, bastante comum em esportes que exigem movimentos de torção, rotação, flexão e extensão. Na natação, por exemplo, a manutenção de postura e equilíbrio (além do alinhamento) são fundamentais para potencializar a propulsão (Hibbs et al., 2008).

Além disso, o treinamento do *core* voltado ao alto rendimento pode aumentar a potência em atividades que requeiram o arremesso tornando mais eficiente o uso de músculos dos ombros, membros inferiores e superiores (Lehman, 2006). Para comprovar essas evidências Leetun et al. (2004) analisaram 139 indivíduos jogadores de basquete e praticantes de atletismo e observaram que 48 deles apresentavam dor lombar referida. Eles ainda identificaram que esses atletas foram justamente os que apresentaram piores resultados em relação aos testes de estabilidade do *core*.

Dessa forma, Hibbs et al. (2008) pontuam os principais objetivos do treinamento do *core* voltado ao alto rendimento:

- aumento da amplitude de movimento e da extensão muscular;
- aumento da estabilidade articular;
- otimização do movimento funcional;
- aumento da *performance*.

Por fim, Fenwick, Brown e McGill (2009) e McGill (2009) sugerem alguns exercícios interessantes para o trabalho e o fortalecimento do *core* para a melhora da estabilidade:

Figura 1.14 – Caminhada sagital no solo.

Observação: o indivíduo inicia o exercício em posição de prancha, realizando, em seguida, a extensão dos ombros, deslocando o colchonete à frente sem perder a estabilidade do *core*. Esse exercício pode ser feito também sem colchonete, contanto que o aluno use luvas para facilitar o deslizamento das mãos à frente da linha dos ombros.

Figura 1.15 – Puxada alta na polia.

Observação: o indivíduo inicia o exercício em pé com a polia acima da linha dos ombros, caminhando em seguida. Caso a estabilidade seja razoável, o indivíduo pode simplesmente inclinar o tronco à frente, mantendo o equilíbrio. O peso deve começar baixo e ir aumentando progressivamente.

FIGURA 1.16 – Caminhada com os cabos.

Observação: o indivíduo inicia o exercício em pé, puxando a polia e mantendo o cabo próximo ao corpo. Após encontrar posição de bom equilíbrio, afasta a polia do corpo, estendendo os cotovelos. Esse exercício, quando feito com sobrecarga ideal, desafia o equilíbrio, o que obriga a ativação dos músculos do *core*. O exercício deve ser feito tanto do lado direito quanto do esquerdo.

FIGURA 1.17 – Puxada invertida.

Observação: nesse exercício, o indivíduo inicia segurando as polias, apoiando os pés no chão e mantendo o corpo o mais alinhado possível para, em seguida, puxá-las, elevando o corpo. Os músculos do *core* devem estar acionados o tempo todo para a manutenção da estabilidade.

FIGURA 1.18 – Remada curvada.

Observação: o indivíduo inicia o exercício em pé, com os joelhos levemente flexionados e as costas retas com os músculos do *core* ativados, realizando, em seguida, a extensão dos ombros e flexão dos cotovelos, trazendo a barra um pouco abaixo da linha do peito.

Por fim, Hibbs et al. (2008) resumem todos os componentes do trabalho do *core* em figura esquemática bastante interessante.

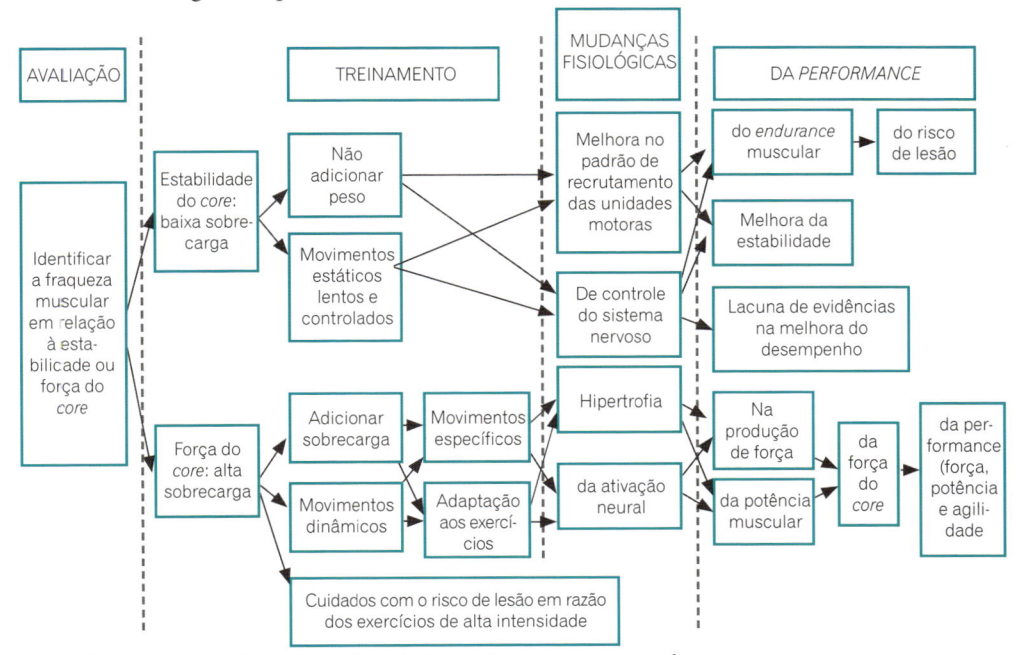

FIGURA 1.19 – Sequência esquemática para o treinamento do *core*.

Fonte: Hibbs et al., 2008.

1.5 Treinamento funcional

O treinamento funcional é, hoje em dia, um dos métodos mais utilizados em todos os centros de esporte, saúde e reabilitação em todo o Brasil. Porém, muitas ainda são as dúvidas referentes a esse método.

Perguntas como: "Por onde começar?", "O que considerar?", "Qual(is) a(s) diferença(s) de exercícios gerais e especiais em relação ao objetivo do cliente?", "Quanto tempo deve durar a planilha de treino e prescrição dos exercícios?" são perguntas que frequentemente nos vêm à cabeça. Para respondê-las, devemos começar a analisar alguns conceitos fundamentais que nortearão todas as variáveis envolvidas na elaboração e prescrição do treinamento funcional.

1.5.1 Princípios do treinamento aplicados ao treinamento funcional

A análise dos princípios do treinamento é o ponto de partida para a elaboração do planejamento em longo prazo. Vale lembrar que os princípios não podem ser analisados separadamente, pois um depende do outro para obtermos bons resultados com nosso cliente. São três os princípios que podem ser aplicados:

- Princípio da individualidade biológica: preconiza que o treinamento deve ser elaborado de maneira individualizada para melhor obtenção dos resultados. Para isso, genótipo (carga genética) e fenótipo (influências externas) devem ser considerados. Na prática, devemos considerar, por exemplo, se nosso cliente demonstra, ou não, desvios posturais bem como limitações funcionais que requeiram adaptações em relação aos exercícios a serem prescritos.
- Princípio da adaptação: estímulos, oriundos dos exercícios, provocam uma série de ações fisiológicas no organismo que alteram nele o equilíbrio homeostático. Essas alterações gerarão, inicialmente, adaptações agudas que se transformarão em adaptações crônicas (aumento da força, flexibilidade e resistência). As melhores respostas

adaptativas são obtidas com, no mínimo, 2 sessões semanais de treino com duração de 20 a 60 minutos cada uma dependendo do nível de condicionamento do indivíduo (ACSM, 2000).

- Princípio da sobrecarga: defende a ideia do aumento progressivo da carga de trabalho para a melhora constante da aptidão física. No caso do treinamento funcional, a sobrecarga pode ser aplicada por:
  - alavancas corporais;
  - aparelhos;
  - base de suporte.

O volume de treino também é uma importante variável a ser considerada durante cada sessão. Ele pode ser mensurado, por exemplo, pelo tempo dado em minutos ou horas em relação à duração da sessão de treino.

Ainda no princípio da sobrecarga, devemos considerar o nível de condicionamento do nosso cliente que pode ser dividido em iniciante, intermediário ou avançado. A seguir, algumas considerações que podemos fazer em relação a esses níveis de condicionamento.

Iniciantes

Para eles há baixo nível de condicionamento físico no qual pequenos estímulos são suficientes para gerar processos adaptativos. A frequência semanal recomendada é de 2 a 3 vezes por semana, com sessões de treino tendo duração entre 20 e 60 minutos. Exercícios de estabilização dos músculos que envolvem a região central do corpo e flexibilidade são os mais indicados para esse nível de condicionamento. Devemos evitar também a utilização de sobrecarga excessiva para esses indivíduos.

Intermediários

Os alunos intermediários já demonstram alguma experiência em treinamento e já podem ser submetidos a estímulos com maior sobrecarga em relação a alavancas corporais, aparelhos e variações na base de suporte para a execução dos exercícios. Nesse nível, exercícios que estimulem os músculos do *core* devem ser mantidos e a mobilidade, juntamente com a força, pode começar a ser aplicada. A frequência semanal recomendada é de 3 vezes por semana com sessões de treino tendo duração entre 30 e 60 minutos.

Avançados

Os avançados já mostram ampla experiência em relação aos exercícios e às variações no treinamento funcional. As adaptações aos estímulos dados, porém, são bastante pequenas e, ao atingir esse nível, o indivíduo evolui muito pouco. A frequência semanal pode ser diária, e a sessão pode ter duração de 45 a 60 minutos. Para os avançados, a estabilização dos músculos do *core* já está bem desenvolvida, assim como a flexibilidade e a mobilidade. A força deve continuar a ser estimulada pelos mais diversos incrementos de sobrecarga e pelas variações dos exercícios.

Após a abordagem desses conceitos, é importante lembrar que o treinamento funcional estimula a melhora das capacidades físicas e tem objetivos que, por muitas vezes, são diferentes do treinamento do *core*.

1.5.2 Diferenças entre o treinamento do *core* e o treinamento funcional

O treinamento do *core:*

- gera estabilização;
- deve ser feito em primeiro momento caso a estabilidade seja falha;
- engloba 29 pares de músculos da região lombar, pelve e quadris;
- suas principais funções são: manter alinhamento e base de suporte, prevenir lesões e gerar força.

Já o treinamento funcional:

- pode ser utilizado de forma geral ou específica;
- é aplicado ao esporte ou qualidade de vida com intuito de melhorar desempenho;
- envolve movimentos de grandes grupamentos que melhorem a capacidade funcional do indivíduo.

Ainda nesse conceito, podemos definir uma ordem lógica para o trabalho e o desenvolvimento do treinamento funcional que pode ser mais bem entendida na Figura 1.20.

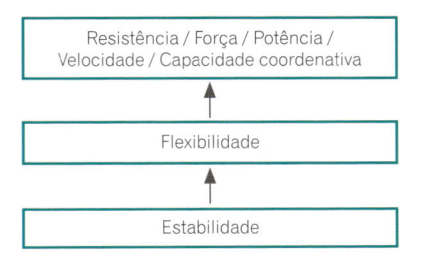

FIGURA 1.20 – Ordem ideal para o desenvolvimento de um programa de treinamento funcional integral.

Diante dessa situação, devemos sempre priorizar a ordem lógica em relação ao desenvolvimento e aprimoramento das capacidades/componentes acima. O intuito deste livro não é o de discutir minuciosamente as regras que ditam o trabalho de todas elas. Para isso, existem excelentes livros na literatura que abordam o assunto com primazia (Weineck, 1999; Monteiro e Evangelista, 2009; Monteiro e Lopes, 2009).

Algumas considerações, porém, em relação a capacidades e/ou componentes devem ser feitas. A seguir, uma rápida descrição de como devemos trabalhar cada uma delas.

- Estabilidade: refere-se ao recrutamento dos músculos profundos para gerar a estabilização antes do movimento. Engloba movimentos lentos, controlados e com qualidade, utilizando-se baixa sobrecarga. Normalmente, inicia-se a sessão de treino pelos exercícios de estabilidade, pois a ideia é trabalhar sem situação de fadiga (Tabela 1.1).

Tabela 1.1 – Diretrizes básicas para o trabalho de estabilidade

Séries	Tempo na posição	Pausa entre as séries	Sobrecarga	Observação
1 a 3	10 a 30 segundos	10 a 30 segundos	4 a 6 na escala de Omni*	Exercícios em posição de prancha são bons exemplos de como trabalhar a estabilidade. A quantidade de exercícios pode variar de 2 a 4, e o tempo total de trabalho (por se tratar de um componente neural) não deve ser muito volumoso.

* A escala de Omni pode ser visualizada na Figura1.21. Trata-se de uma excelente ferramenta para mensuração subjetiva da intensidade (Novaes, 2008).

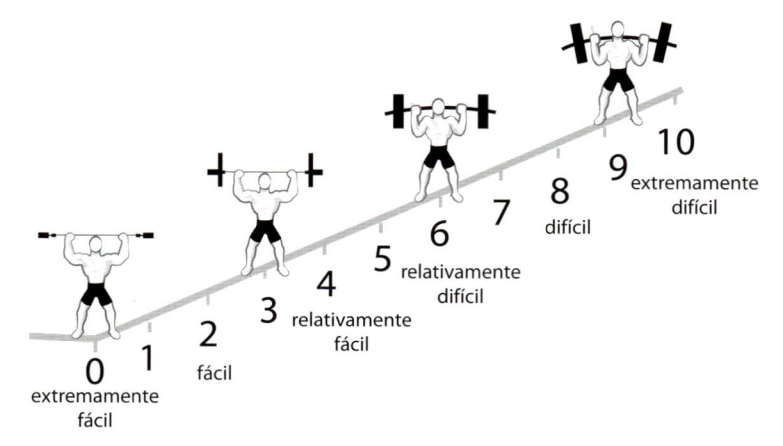

FIGURA 1.21 – Escala de Omni para mensuração subjetiva do esforço.

- Flexibilidade: refere-se à capacidade de determinado indivíduo realizar movimentos de grande amplitude que requeiram a movimentação de muitas articulações, podendo estar sob a ação de forças externas (Weineck, 1999).

Uma das grandes vantagens de se trabalhar a flexibilidade é que, por meio dos exercícios de alongamento, melhoramos a economia de movimentos, uma vez que músculos encurtados gastam mais energia durante movimentos que requeiram amplitudes significativas (Monteiro, 2006). Outras vantagens incluem a diminuição dos efeitos da idade sobre os músculos, os aumentos de amplitude para o dia a dia e o aumento do relaxamento muscular (Evangelista, 2011). As manifestações da flexibilidade estão indicadas na Figura 1.22.

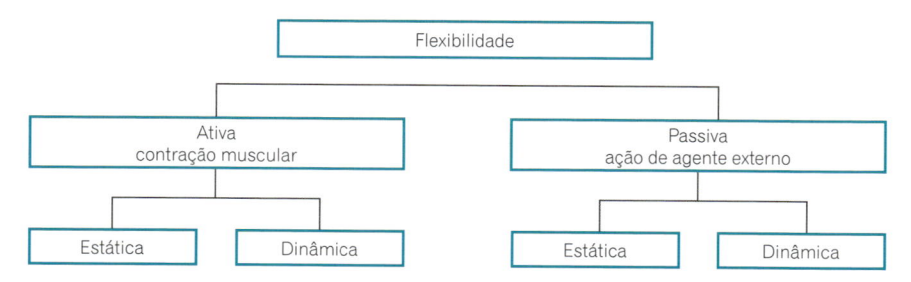

FIGURA 1.22 – Manifestações da flexibilidade.
Fonte: Monteiro, 2006.

Quando trabalhamos com indivíduos com baixos níveis de flexibilidade, o componente passivo é o mais indicado, uma vez que trabalha com a aplicação de movimentos seguros e com o indivíduo em bom alinhamento corporal. Essa manifestação também é indicada quando há presença de encurtamentos musculares acentuados (Achour, 2002).

O componente ativo da flexibilidade é indicado após o trabalho do passivo quando o indivíduo tem por objetivo a estabilização articular. A vantagem da aplicação desse tipo de alongamento é que ele envolve a contração muscular para manter a amplitude de movimento. Na Tabela 1.2 encontramos mais informações a respeito de como trabalhar a flexibilidade passiva.

Tabela 1.2 – Diretrizes básicas para o treinamento da flexibilidade passiva

Duração do alongamento em segundos	Número de séries em cada exercício	Frequência semanal	Tempo mínimo para o treinamento da flexibilidade	Observação
10 a 30 segundos	3 a 4	2 a 3	10 minutos	No alongamento dinâmico, podemos trabalhar de 1 a 15 repetições por série (3 a 6 séries são recomendadas com intervalo de 15 segundos a 20 segundos entre elas).

Fonte: ACSM, 2000.

- Resistência: pode ser definida como a capacidade que determinado indivíduo tem de resistir à fadiga, realizando trabalhos com efetividade e determinada intensidade (De La Rosa, 2006).

De acordo com Gastin (2001), podemos classificar a resistência em aeróbia e anaeróbia. O trabalho da resistência deve ficar sempre em último plano em uma sessão de treino, uma vez que ela é uma capacidade metabólica e tem grande capacidade para gerar fadiga. O que pode influenciar negativamente o trabalho de capacidades neurais como força e velocidade (Monteiro e Lopes, 2009).

A seguir, encontramos algumas sugestões de como trabalhar a resistência.

Tabela 1.3 – Diretrizes básicas para o trabalho de resistência

	Tempo de estímulo	Distância de estímulo	Intervalo entre as repetições	Intensidade
Resistência aeróbia	Acima de 75 segundos	Acima de 400 metros	De 30 segundos a 1 minuto	6 a 8 na escala de Omni ou 60% a 80% da FCmáx
Resistência anaeróbia	De 20 a 75 segundos	De 200 a 400 metros	De 45 segundos a 2 minutos	8 a 9 na escala de Omni ou 80% a 90% da FCmáx

Fonte: Gastin, 2001; De la Rosa, 2006.

- Força: é uma das capacidades físicas mais indicadas para a melhora da função do indivíduo principalmente em relação aos efeitos do envelhecimento. A força é a base para o trabalho de velocidade e potência (Komi, 2006). Por se tratar de uma capacidade neuromuscular, ela deve ser estimulada inicialmente na sessão de treino. As manifestações da força apresentam as características indicadas na Tabela 1.4.

Tabela 1.4 – Diretrizes básicas para o trabalho de força

Manifestação da força	Número de séries	Número de repetições	Intervalo entre as séries	Intensidade
Resistência de força	1 a 6	15 a 20 ou acima	30 segundos a 1 minuto	4 a 6 na escala de Omni
Força dinâmica hipertrófica	1 a 6	6 a 12	1 a 3 minutos	6 a 8 na escala de Omni
Força máxima	1 a 6	1 a 5	3 a 5 minutos	8 a 10 na escala de Omni

Fonte: adaptado de Uchida et al., 2004.

- Velocidade: segundo Weineck (1999), pode ser definida como:

> a capacidade de atingir a maior rapidez de reação e de movimentos de acordo com o condicionamento específico baseado no processo cognitivo, na força máxima de vontade e no bom funcionamento do sistema neuromuscular.

Por se tratar de uma capacidade neural, a velocidade deve ser incluída, sempre em primeiro plano na sessão de treino. O trabalho da velocidade em situação de fadiga pode deixar o indivíduo lento com o tempo. Ainda segundo Weineck (1999), os tipos de velocidade pura incluem:

- velocidade de reação: reagir a um estímulo no menor tempo possível;
- velocidade de ação: capacidade de realizar movimentos acíclicos com máxima velocidade e baixa sobrecarga externa;
- velocidade de frequência: capacidade de repetir diversos movimentos cíclicos com máxima velocidade e baixa sobrecarga externa.

De forma geral, a velocidade pode ser estimulada pelas diretrizes apontadas na Tabela 1.5.

Tabela 1.5 – Diretrizes básicas para o trabalho de velocidade

Tempo de estímulo	Distância de estímulo	Intervalo entre as repetições	Intensidade
1 a 10 minutos	Até 100 metros	2 a 5 minutos	9 a 10 na escala Omni ou o máximo possível

- Capacidades coordenativas: são determinadas pelo processo de controle dos movimentos. Elas capacitam o indivíduo a responder diante de situações previsíveis e imprevisíveis relacionadas a ações motoras. As capacidades coordenativas podem ser trabalhadas em terrenos planos, inclinados ou instáveis com ou sem a utilização de obstáculos e pela exigência de movimentos precisos em razão de informações adicionais. Os componentes da capacidade coordenativa incluem (Weineck, 1999):
- Capacidade de coordenação de movimentos: envolve os movimentos de determinadas regiões do corpo que compõem uma ação entre si.
- Capacidade de diferenciação: implica as percepções aos estímulos externos. Relacionada à coordenação motora fina. Ela deve ser desenvolvida nos primeiros anos da infância.
- Capacidade de equilíbrio: trata-se da capacidade de mantê-lo durante determinada atividade ou após a perda dele. Envolve o equilíbrio do próprio corpo (em situação dinâmica e estática) e equilíbrio de objetos (em um local fixo ou com movimentação livre).
- Capacidade de orientação: envolve a mudança de posição ou movimento no espaço e tempo. Ela abrange aspectos espaciais (quadra de esportes, por exemplo) e temporais (*timing* para executar determinado movimento).

- Capacidade de reação: direcionada à condição que determinado indivíduo tem para responder a uma ação motora de forma rápida e objetiva. Depende muito da velocidade.
- Capacidade de adaptação às variações: corresponde à adaptação a uma nova situação para realizar o movimento de outra forma. Está relacionada à capacidade de antecipação em determinada situação.

- Potência: segundo Bompa (2004), ela é produzida por:

> Uma contração muscular do tipo alongamento-encurtamento, na qual o músculo extensor adquire uma ótima firmeza, aumentando a tensão no tendão. Esses resultados acontecem numa fase excêntrica mais econômica e eficaz. Além disso, durante o alongamento dos músculos, as atividades de reflexo proporcionam a maior ativação possível durante uma contração voluntária.

Uma das formas mais difundidas do trabalho de potência se dá pelo treinamento de saltos ou treinamento pliométrico. Na Tabela 1.6 podemos encontrar interessantes diretrizes para a o treinamento pliométrico.

Tabela 1.6 – Diretrizes básicas para o trabalho de potência

Nível	Exercícios	Intensidade	Número de repetições/ séries	Intervalo de recuperação	Aplicabilidade
1	Saltos de alta reatividade (alturas de 0,75 cm a 1,15 m)	Máxima	5-8 X 10-20 saltos	8 a10 minutos	Apenas atletas
2	Saltos em profundidade (alturas de 0,75 cm a 1,15 m)	Muito alta	5-15 X 5-15	5 a 7 minutos	Apenas atletas
3	Exercícios de saltos múltiplos	Submáxima	3-25 X 5-15	3 a 5 minutos	Atletas e praticantes avançados
4	Saltos de baixa reatividade	Moderada	10-25 X 10-25	3 a 5 minutos	Atletas e praticantes avançados / intermediários
5	Baixo impacto, saltos no lugar e arremesso de implementos	Baixa	10-30 X 10-15	2 a 3 minutos	Atletas e praticantes avançados / intermediários

Fonte: adaptado de Bompa, 2004.

Após essas considerações vem a pergunta: "O que deve ser trabalhado em primeiro plano na parte principal de uma sessão de treino?".

Segundo Bompa (2004), existe uma ordem lógica para o trabalho nas diversas capacidades físicas. Mas, *grosso modo*, podemos trabalhar com o princípio da especificidade. Esse princípio preconiza que o mais importante deve vir primeiro (objetivo primário da sessão de treino).

Quadro 1.3 – Ordem das capacidades físicas na sessão de treino

Capacidades coordenativas
Velocidade
Potência
Força máxima
Força dinâmica hipertrófica
Resistência de força
Resistência anaeróbia
Resistência aeróbia

Fonte: adaptado de Bompa, 2004.

1.5.3 Como trabalhar o treinamento funcional: exemplos da prática

Apesar de todos os conceitos teóricos serem de fundamental importância para a melhora da qualidade de nossas aulas, a prática nunca deve ser desconsiderada. A seguir, encontramos um exemplo aplicado de sessão de treinamento funcional dividida em seus três principais componentes.

Aquecimento

Tem duração de 2 a 3 minutos, com a utilização de exercícios livres que envolvam grandes grupamentos musculares (polichinelo, bom dia, agachamento russo) seguidos de exercícios para os menores grupamentos (aquecimento para antebraço, elevação lateral para os deltoides, movimentos de flexão plantar).

Após esses exercícios iniciais, são utilizados alongamentos gerais como: minhoca, desenvolvimento em "S", alongamento em "X" com *medicine ball*, com duração de 5 a 7 minutos.

Parte principal

Tem início com a aplicação de exercícios que visam à propriocepção e à profilaxia, com o intuito de melhorar a estabilidade e a mobilidade articular, além do equilíbrio. É composta, geralmente, de 5 exercícios, mais focados onde existe um problema agravado. Os exercícios são tanto isométricos (2 séries com, no máximo, 60 segundos, começando a partir de 20 segundos) como dinâmicos (com até 12 repetições, muitos deles em série única ou, no máximo, 2 séries). O treinamento funcional preconiza exercícios limpos, bem-feitos, para ficarem fixados, e com pouco intervalo de descanso, realizados, porém, com extrema consciência corporal.

Em resumo, aqui trabalhamos exercícios isométricos com 2 séries de 20 a 60 segundos, exercícios dinâmicos com 1 ou 2 séries e, no máximo, 12 repetições e, quando houver diminuição no padrão de movimento ou cansaço, aplicam-se intervalos curtos.

No desenvolvimento, aqui um trabalho mais pesado, prevalecem exercícios que envolvem velocidade, resistência e força. Não devemos esquecer que muitos exercícios são complexos, pois trabalham as seis qualidades (flexibilidade, coordenação, equilíbrio, velocidade, resistência e força). Podemos aplicar de 2 a 3 séries (dependendo do objetivo), com 5 a 30 repetições, descanso geralmente de poucos segundos, e muitas vezes o formato de minicircuito, ou seja, o aluno sai de um exercício de força para membros inferiores e vai realizar abdominais, ou exercício para membros superiores.

O *condicionamento* é a parte final do treino, na qual devem ser aplicados exercícios muitas vezes de explosão e curto descanso ou, normalmente, montando circuitos com altas intensidades (geralmente trabalhando de 6 a 9 na escala de Omni, ver Figura 1.21).

Volta à calma

A volta à calma serve para que o corpo retorne à situação em que se encontrava antes da rotina de exercícios. Uma volta à calma eficiente inclui exercícios de alongamento, de relaxamento e técnicas básicas de liberação. A respiração profunda deve fazer parte do processo de volta à calma, ajudando o organismo a diminuir seu ritmo (Evangelista et al., 2007).

Os exercícios abaixo são apenas uma sugestão de rotina. Exercícios de alongamento (utilizando o método passivo estático, por exemplo) também podem ser inseridos. Recomenda-se realizar de 6 a 8 movimentos para cada um dos exercícios a seguir.

Exercício 1

Descrição do movimento: deitado de lado sobre o rolo, apoiar o quadril e manter o tronco organizado e a cabeça alinhada com a coluna. A perna estendida deve ficar apoiada no solo. Deslizar o corpo sobre o rolo, aliviando o trato iliotibial, sem perder o alinhamento.

Observações importantes: não sobrecarregar o ombro do braço que estiver apoiado no solo. Deslizar o corpo corretamente sobre o rolo.

Nível de dificuldade: baixo.

Exercício 2

Descrição do movimento: sentado sobre o rolo, com as pernas estendidas e com os calcanhares alinhados. Os braços devem estar estendidos, e as mãos, apoiadas no solo. Deslizar o corpo para trás, massageando a região posterior da coxa. Retornar à posição inicial.

Observações importantes: não descarregar o peso do corpo no rolo e/ou no punho, sem perder, assim, o alinhamento corporal.

Nível de dificuldade: médio.

Exercício 3

Descrição do movimento: deitado com a região cervical apoiada no rolo, os braços ao longo do corpo. Joelhos e quadris devem ficar flexionados e apoiados no solo. Deslizar o corpo, até o rolo aproximar-se da cintura escapular, aliviando a musculatura desta.

Observações importantes: não estender demais a caixa torácica, sem perder, assim, o controle do rolo.

Nível de dificuldade: médio.

Variação

Nível de dificuldade: médio.

Exercício 4

Descrição do movimento: deitado em decúbito lateral, com uma perna e um braço apoiados no solo. Descansar a cabeça no braço, mantendo a outra perna apoiada no rolo. Deslizar o corpo sobre o rolo, alongando e relaxando as regiões lombar e pélvica.

Observações importantes: não levar todo o tronco durante o movimento.

Nível de dificuldade: baixo.

Após todas essas considerações, acreditamos que os preceitos básicos a serem seguidos no treinamento funcional para um bom resultado são:

- tenha bom senso em primeiro lugar;
- pense sempre em como você aplicará os 3 princípios mais importantes do treinamento desportivo: o da individualidade, o da sobrecarga e o da adaptação;
- nunca se baseie apenas em vídeos da internet para aplicar seus exercícios;
- estude, leia e se atualize a todo momento;
- livros e artigos são excelentes fontes de informação, procure ler um capítulo de livro por semana ou, pelo menos, três artigos sobre o assunto em questão;
- sempre se mantenha atualizado com cursos, sejam eles de extensão ou de pós-graduação.

Referências

ACHOUR, J. R. A. *Exercícios de alongamento, anatomia e fisiologia*. São Paulo: Manole, 2002.

ACSM. *ACSM's guidelines for exercise testing and prescription.* 6. ed. Philadelphia, PA: Lippincott Williams & Wilkins, 2000.

AKUTHOTA, V.; NADLER, S. F. Core strengthening. *Arch. Phys. Med. Rehabil.*, v. 85, n. 3, p. S86-92, 2004. Suplement 1.

ANDERSON, D.; BEHM, G. The impact of instability resistance training on balance and stability. *Sports Med.*, v. 35, n. 1, p.43-53, 2005.

BEHM, D. G. et al. Canadian Society for Exercise Physiology Position Stand: the use of instability to train the core in athletic and nonathletic conditioning. *Appl. Physiol. Nutr. Metab.*, v. 35, n. 1, p. 109-12, feb. 2010.

BEHM, D. G.; ANDERSON, K. G. The role of instability with resistance training. *J. Strength Cond. Res.*, v. 20, n. 3, p. 716-22. 2006.

BEHM, D. G.; ANDERSON, K.; CURNEW, R. S. Muscle force and activation under stable and unstable conditions. *J. Strength Cond. Res.*, v. 16, n. 3, p. 416-22, 2002.

BOMPA, T. O. *Treinamento de potência para o esporte*. São Paulo: Phorte, 2004.

BROWN, T. Getting to the core of the matter. *Strength Cond. J.*, v. 28, n. 2, p. 552-61, 2006.

COMERFORD, M. J. Clinical assessment of stability dysfunction performance. Disponível em: <http://216.239.59.104/search?q=cache:skMpsUpvPzIJ:www.kineticcontrol.com/documents/others/MicrosoftWord-Ratingsystem0706.pdf+clinical+assessment+of+stability+dysfunction&hl=en&ct=clnk&cd=2&gl=uk>. Acesso em: nov. 2010.

DE LA ROSA, A. F. *Direções de treinamento: novas concepções metodológicas*. São Paulo: Phorte, 2006.

EVANGELISTA, A. L. *Treinamento de força e flexibilidade aplicado à corrida de rua*: uma abordagem prática. São Paulo: Phorte, 2011.

EVANGELISTA, A. et al. Influência do aquecimento na flexibilidade aguda em praticantes de musculação. In: SIMPÓSIO INTERNACIONAL DE CIÊNCIAS DO ESPORTE, 22., 2007, São Paulo. *Anais...* São Paulo: Centro de Convenções Rebouças, 2007.

FARIES, M. D.; GREENWOOD, M. Core training: stabilizing the confusion. *Strength Cond. J.*, v. 29, n. 2, p. 10-25, 2007.

FENWICK, C. M. J.; BROWN, S. H. M.; McGILL, S. M. Comparison of different rowing exercises: trunk muscle activation and lumbar spine motion, load and stiffness. *J. Strength Cond. Res.*, v. 23, n. 5, p. 1408-17, 2009.

GASTIN, P. B. Energy system interaction and relative contribution during maximal exercise. *Sports Med.*, v. 31, n. 10, p. 725-41, 2001.

HALL, S. *Biomecância básica*. 5. ed. São Paulo: Manole, 2009.

HIBBS, A. E. et al. Optimizing performance by improving core stability and core strength. *Sports Med.*, v. 38, n. 12, p. 995-1008, 2008.

HODGES, P. W.; RICHARDSON, C. A. Inefficient muscular stabilization of the lumbar spine associated with low back pain: a motor control evaluation of transverses abdominis. *Spine*, v. 21, n. 22, p. 2640-50, 1996.

HRYSOMALLIS, C. Relationship between balance ability, training and sports injury risk. *Sports Med.*, v. 37, n. 6, p. 547-56, 2007.

KIEFER, A.; SHIRAZI-ADL, A.; PARNIANPOUR, M. Stability of the human. Favorable Neuromuscular and cardio-spine in neutral postures. *Eur. Spine J.*, v. 6, p. 1, p. 45-53, 1997.

KOMI, P. V. *Força e potência no esporte*. 2. ed. Porto Alegre: Artmed, 2006.

LEETUN, D. T. et al. Core stability measures as risk factors for lower extremity injury in athletes. *Med. Sci. Sports Exerc.*, v. 36, n. 6, p. 926-34, 2004.

LEHMAN, G. J. Resistance training for performance and injury prevention in golf. *JCCA*, v. 50, n. 1, p. 27-42, 2006.

McGILL, S. M. Exercises for the torso performed in a standing posture: spine and hip motion and motor patterns and spine load. *J. Strength Cond. Res.* v. 23, n. 2, p. 455-64, 2009.

MONTEIRO, A. G.; EVANGELISTA, A. E. *Treinamento funcional*: uma abordagem prática. São Paulo: Phorte, 2009.

MONTEIRO, A. G.; LOPES, C. R. *Periodização esportiva estruturação do treinamento*. São Paulo: AG Editora, 2009.

MONTEIRO, G. A. *Treinamento da flexibilidade sua aplicabilidade para saúde*. Londrina: Midiograf, 2006.

NOVAES, J. S. *Ciência do treinamento dos exercícios resistidos*. São Paulo: Phorte, 2008.

OKADA, T.; HUXEL, K. C.; NESSER, T. W. Relationship between core stability, functional movement, and performance. *J. Strength Cond. Res.*, v. 25, n. 1, p. 252-61, 2011.

PANJABI, M. The stabilising system of the spine: function, dysfunction, adaptation and enhancement. *J. Spinal. Disord.*, v. 5, pt. 1, p. 383-9, 1992.

PUTNAM, C. A. Sequential motions of body segments in striking throwing skills. *J. Biomech.*, v. 26, p. 125-35, 1993.

RIDDLE, D. L. Classification and low back pain: a review of the literature and critical analysis of selected systems. *Phys. Ther.*, v. 78, n. 7, p. 708-37, 1998.

ROETERT, P. E. 3D balance and core stability. In: Foran, B. (Ed.). *High-performance sports conditioning: modern training for ultimate athletic development.* Champaign, IL: Human Kinetics, 2001.

SEKENDIZ, B.; CUG, M.; KORKUSUZ, F. Effects of Swiss-ball core strength training on strength, endurance, flexibility, and balance in sedentary women. *J. Strength Cond. Res.*, v. 24, p. 11, p. 3032-40, 2010.

STANTON, R.; REABURN, P. R.; HUMPHRIES, B. The effect of shortterm swiss ball training on core stability and running economy. *J. Strength Cond. Res.*, v. 18, n. 3, p. 522-8, 2004.

STEPHENSON, J.; SWANK, A. M. Core training: designing a program for anyone. *Strength Cond. J.*, v. 26, n. 6, 34-7, 2004.

UCHIDA, M. C. et al. Manual de musculação uma abordagem teórico-prática do treinamento de força. 4. ed. São Paulo: Phorte, 2006.

VEZINA, M. J.; HUBLEY-KOZEY, C. L. Muscle activation in therapeutic exercises to improve trunk stability. *Arch. Phys. Med. Rehabil.*, v. 81, n. 10, 1370-9, 2000.

WEINECK, J. Treinamento ideal. 9. ed. Barueri: Manole, 1999.

YOUNG, J. L. et al. The influence of the spine on the shoulder in the throwing athlete. *J. back musculoskelet. rehabil.*, v. 7, p. 5-17, 1996.

2

Respiração aplicada ao treinamento funcional

Ticiane Marcondes Cruz

Atualmente, antes de iniciar os movimentos e exercícios do treinamento funcional, devemos ensinar ao praticante a respirar corretamente, ou o mais próximo do fisiológico, permitindo que os benefícios do método sejam obtidos em sua plenitude.

A correta respiração tem as importantes funções de:

- auxiliar no controle dos movimentos;
- melhorar a concentração durante a prática;
- melhorar a ação e o controle dos músculos estabilizadores durante o movimento;
- permitir colocar um ritmo ao movimento;
- auxiliar na ativação dos músculos profundos do abdômen.

2.1 Influência da respiração nos músculos do *core*

O ato respiratório ou ventilatório envolve estruturas articulares e musculares diretamente relacionadas à estabilidade do tronco. O conjunto de músculos que estão localizados entre a região da cintura escapular até a região da cintura pélvica (músculos do abdômen, transverso do abdômen, glúteo máximo, quadrado lombar, multífido etc.), que trabalham em sinergia para estabilizar o corpo e a coluna vertebral com ou sem o movimento dos membros, recebem diferentes nomes tanto no treinamento funcional como no Pilates, entre eles: *core*, *powerhouse*, centro de força, casa de força, controle de centro etc.

Um dos grandes benefícios de acionar essa musculatura é a possibilidade de melhor acionar essa "casa de força" e o seu correto aprendizado durante os movimentos. Seu fortalecimento e aprendizado de como acioná-lo tem sido pesquisado e atribuído à diminuição de dores lombares, melhor estabilização da região lombopélvica, diminuição do índice de lesões lombares e prevenção de lesões na região lombar em atletas e indivíduos sedentários.

Dentre os músculos dessa caixa, o que mais chama a atenção dos pesquisadores tem sido o músculo transverso do abdômen, e ele é um dos mais solicitados durante a prática de exercícios que desafiam a estabilidade do tronco. Os exercícios que envolvem a musculatura do *core* são em essência denominados de exercícios de *estabilidade* ou *estabilização*.

O músculo transverso do abdômen é o mais profundo dos músculos abdominais do tronco, tendo como função primordial estabilizar a coluna vertebral e comprimir as vísceras. Segundo pesquisas, o atraso em sua pré-ativação antes do músculo principal durante o movimento tem demonstrado ser uma das principais causas de dores lombares (Moseley, Hodges e Gandevia, 2002).

Os músculos extensores do tronco e os músculos abdominais dão forma e função ao tronco, e eles compartilham uma relação sinérgica de forças que devem estar em constante equilíbrio. Tanto os abdominais quanto os extensores do tronco apresentam camadas musculares, e as mais profundas são as responsáveis pela estabilidade e suporte à coluna vertebral. O conjunto de músculos abdominais é formado pelo reto do abdômen, oblíquos interno e externo e transverso do abdômen. Já os extensores do tronco, com suas diversas camadas, conectam os músculos do pescoço, dos membros superiores, dos membros inferiores e da pelve. Dessas duas grandes camadas musculares anterior e posterior, que são identificadas como fundamentais para a estabilidade funcional do tronco destacamos: em particular, o transverso do abdômen e os multífidos.

Durante a prática, indica-se a expiração "forçada" para que o músculo transverso do abdômen seja ativado, possibilitando melhor estabilidade da região lombopélvica. Uma dica interessante é solicitar que o praticante, ao expirar, imagine o umbigo indo em direção à costas e, ao mesmo tempo, o abdômen como um cinto abraçando ao redor da cintura. Essa manobra mostrou-se mais eficaz que apenas empurrar o umbigo para trás, o que muitas vezes leva a um mal posicionamento da caixa torácica e retroversão do quadril (compressão da coluna lombar) no solo.

Os músculos do *core* têm origem e inserção na caixa torácica e também na cintura pélvica; portanto, o posicionamento correto ou mais próximo do fisiológico dessas duas caixas possibilita condições que facilitam a melhor ação muscular.

Para adquirirmos uma melhor estabilidade da região lombopélvica, devemos levar em consideração os seguintes fatores interdependentes (Hodges, Heijnen e Gandevia, 2008):

- controle intervertebral;
- controle da orientação lombopélvica;
- controle do corpo todo – equilíbrio.

Para Hodges, Heijnen e Gandevia (2008) é importante considerar a função do tronco assim como a solicitação do controle referente ao equilíbrio. Sem isso, o controle da orientação da coluna (ou controle intervertebral) pode ficar prejudicado.

O alinhamento do tronco não pode ser mantido se o movimento do tronco é requisitado para mover o centro de massa sobre uma nova base de suporte (Huang, Hodges e Thorstensson, 2001). Por isso, durante o treinamento funcional, a manutenção da pelve neutra se torna mais difícil, em razão das características do trabalho de sobrecarga, associado, muitas vezes, a movimentos rápidos.

Em relação às ações musculares para a estabilidade lombopélvica, tanto o transverso do abdômen quanto o diafragma têm funções respiratórias importantes que devem ser coordenadas.

Durante os movimentos repetidos de membros superiores, Hodges, Heijnen e Gandevia (2008) demonstraram que, ao movimentar o braço de maneira rápida, repetida e dinâmica para desafiar a estabilidade da coluna vertebral, a atividade tônica do diafragma e do transverso do abdômen é sustentada, mas modulada com a *respiração*.

Mecanicamente o diafragma e o transverso do abdômen cocontraem tonicamente durante a inspiração, a atividade do diafragma é aumentada, diminuindo seu comprimento (ação concêntrica), e a do transverso é reduzida, aumentando seu comprimento (ação excêntrica). O oposto ocorre na expiração.

A atividade da musculatura do assoalho pélvico é também modulada durante a respiração, ocorrendo na inspiração associada ao aumento da pressão intra-abdominal causada pela contração abdominal tanto durante a inspiração quanto na expiração, quando a respiração é aumentada (expiração "forçada") (Hodges, Heijnen e Gandevia, 2002).

Indivíduos com lombalgia geralmente apresentam os seguintes problemas em relação à ação muscular do transverso do abdômen:

- falta de habilidade para acionar o transverso do abdômen;
- assimetrias em relação à contração;
- nenhuma contração da musculatura abdominal;
- distensão da parede abdominal: enquanto o transverso do abdômen contrai, gerando o aumento da pressão intra-abdominal.

O *core* é solicitado também no método Pilates, no entanto, algumas diferenças devem ser observadas em relação ao treinamento funcional.

O método Pilates prioriza a estabilidade do *core* por meio de movimentos limitados (amplitudes menores), utiliza pouca sobrecarga externa com o intuito de enfatizar a qualidade do movimento e da manutenção da pelve neutra. Já o treinamento funcional prioriza o fortalecimento do *core* pelos movimentos amplos, velozes e explosivos com o intuito de enfatizar o trabalho das capacidades motoras (potência, resistência etc.), e isso geralmente é feito por uma sobrecarga externa (halteres, *medicine ball*) considerável.

2.1.1 Dicas verbais táteis e de imagem

Para facilitar o aprendizado da respiração, melhorando a ação dos músculos do *core*, podemos dividi-la em três partes:

- anteroposterior;
- laterolateral;
- inferior ou abdominal.

É indicada a inspiração pelo nariz e a expiração pela boca. Lembramos que deve sempre ser estimulada a respiração tridimensional, ou seja, os três movimentos respiratórios (ventilatórios) devem acontecer ao mesmo tempo. Essa divisão trata-se apenas de uma questão didática.

As dicas verbais, táteis e de imagem traduzem os movimentos em palavras, figuras e toques durante as aulas, permitindo ao praticante a retenção do aprendizado para melhor acionar a musculatura do *core*.

As dicas verbais conduzem o movimento por meio de palavras; já as dicas táteis, pela sensação do toque; por fim, as dicas de imagem remetem a ação motora a uma imagem.

Para estimular a respiração laterolateral, que acontece principalmente na região costal (costelas), enquanto o praticante está deitado, com os joelhos flexionados e os pés apoiados no solo, uma boa imagem é visualizar, ao inspirar e expirar, o peito expandir e se espalhar lateralmente sobre o solo em ambas as direções como duas ondas crescendo no mar e gentilmente retornando.

Como dica verbal, podemos solicitar a inspiração como se estivesse enchendo um balão e a expiração para esvaziá-lo completamente, e uma dica tátil muito utilizada é posicionar as mãos na lateral da caixa torácica, ao inspirar, empurrar as mãos com as costelas e, ao expirar, afastar as costelas delas. Há, ainda, a utilização de acessórios para auxiliar na propriocepção da respiração, por exemplo, a faixa elástica pode ser enrolada na caixa torácica para o praticante sentir a respiração laterolateral ou costal (expansão da caixa torácica).

Pelve Neutra e *Imprint*

A pelve, como base de sustentação, transmite o peso do corpo aos membros inferiores, responsáveis pela locomoção. O equilíbrio sagital da pelve e a manutenção da lordose lombar fisiológica são determinados pela harmonia funcional entre os músculos abdominais, paravertebrais e a musculatura do quadril (glúteos, pelvitrocanterianos e iliopsoas).

> A pelve neutra é definida como o posicionamento das espinhas ilíacas anterossuperiores (EIAS) e do osso púbico no mesmo plano horizontal (plano coronal quando estamos em pé e as EIAS no mesmo plano transverso. (Isacowitz, 2006, p. 21)

Se a espinha ilíaca posterossuperior (EIPS) estiver mais alta que a espinha ilíaca anteroposterior (EIAS), a pelve está em anteversão; se a EIAS estiver mais alta que a EIPS, a pelve está em retroversão.

O posicionamento neutro da pelve é um ponto de referência para o corpo. Nessa posição, para Craig (2003), os discos intervertebrais se encontram em uma posição segura e não comprimidos.

O posicionamento neutro da pelve é o ideal a ser alcançado durante a prática do treinamento funcional, mas nem sempre é possível e deve ser analisado individualmente. Existem alguns casos nos quais pequenas adaptações são necessárias como solicitar uma leve retroversão de quadris para que os músculos da região lombar relaxem e o praticante consiga acessar os músculos abdominais de maneira mais adequada. Esse recurso chama-se *Imprint*.

O *Imprint* é uma posição indicada para os praticantes que ainda não possuem força suficiente nos músculos abdominais para estabilizar a região lombopélvica durante os movimentos de grande amplitude (membros inferiores e superiores na posição deitada ou em cadeia aberta).

Biomecanicamente é uma sutil inclinação posterior da pelve (desfazendo a curvatura da lombar) pela contração dos músculos oblíquos abdominais que aproximam a pelve da caixa torácica. Há a coativação do transverso do abdômen e do assoalho pélvico. Os músculos que causam esse movimento são os flexores do tronco.

Referências

CRAIG, C. *Pilates com a bola*. São Paulo: Phorte, 2003.

HODGES, P.; HEIJNEN, I.; GANDEVIA, S. C. Reduced postural activity of the diaphragm in humans when respiratory demand is increased. *J. Physiol.*, v. 537, p. 999-1008, 2008.

HUANG, Q. M.; HODGES.P.; THORSTENSSON, A. Postural control of the trunk in response to lateral support surface translations during trunk movement and loading. *Exp. brain res.*, v. 141, p. 552-9, 2001.

ISACOWITZ, R. *Pilates*: your complete guide to mat work and apparatus exercises. Champaign, IL: Human Kinetics, 2006.

MOSELEY, G. L.; HODGES, P. W.; Gandevia, S. C. Deep and superficial fibers of the lumbar multifidus muscle are differentially active during voluntary arm movements. *Spine*, v. 27, p. E29-E36, 2002.

RICHARDSON, C.; HODGES, P.; HIDES J. *Therapeutic exercise for lumbopelvic stabilization – a motor control approach for the treatment and prevention of low back pain*. 2. ed. London: Elsevier, 2008.

Exercícios aplicados

Jônatas Macedo | Alexandre Lopes Evangelista
Roberta Alexandre Gonçalves de Toledo | Cida Conti

3

3.1 Exercícios livres

Os exercícios livres são indicados para trabalharmos o equilíbrio, a flexibilidade e a propriocepção de nosso aluno. Eles também são úteis quando dispomos de poucos equipamentos funcionais, podendo ser utilizados em combinação com os exercícios de musculação tradicionais. Na verdade, a combinação dos exercícios funcionais com os tradicionais é recomendada, pois os tradicionais são mais indicados para hipertrofia, enquanto os funcionais, por sua vez, seriam mais recomendados para auxiliar no gasto calórico e aumentar o nível de condicionamento.

Vale lembrar que as sugestões de exercícios aqui oferecidos podem (e devem) sofrer alterações de acordo com as necessidades do indivíduo. Outros aspectos que devem ser considerados são a sequência e a evolução dos exercícios. Para indivíduos que nunca foram submetidos ao método do treinamento funcional, recomenda-se o trabalho de exercícios visando, num primeiro momento, à estabilidade.

Após o trabalho de estabilidade, aconselha-se a aplicação de exercícios com baixa exigência coordenativa, com boa base de suporte e sem utilização de sobrecarga externa abusiva. Lembre-se: tenha bom senso acima de tudo.

3.1.1 Levantar e sentar do solo

Descrição do movimento: em pé, manter pernas paralelas, braços ao longo do corpo e coluna alinhada. Sentar-se sobre os ísquios, com as pernas estendidas e os braços ao lado do tronco. Flexionar os dois joelhos em "Z", logo após, ajoelhar, mantendo as pernas unidas e o alinhamento do tronco. Posicionar uma das pernas à frente (anteroposteriormente) e, em seguida, levantar-se.

Observações importantes: cuidados devem ser tomados para o aluno/cliente não perder o equilíbrio ao levantar ou sentar. Para isso, a coluna deve ficar alinhada durante todo o movimento e os músculos do *core* contraídos.

Nível de dificuldade: médio.

Visão frontal da
posição C

3.1.2 Prancha ventral

Descrição do movimento: deitado em decúbito ventral, com os cotovelos fle-xionados e os antebraços apoiados no solo com os dedos entrelaçados. Elevar o tronco, mantendo o corpo alinhado e os músculos do *core* contraídos.

Observações importantes: nesse exercício, o aluno deve acionar abdominais e glúteos, mantendo o alinhamento da coluna.

Nível de dificuldade: baixo.

3.1.3 Ponte sobre os ombros

Descrição do movimento: deitado em decúbito dorsal, os braços ao longo do corpo, a coluna alinhada, os joelhos e os quadris flexionados, com os calcanhares apoiados no solo e os pés na direção dos ísquios. Ativar os músculos da cadeia posterior e do *core* elevando o tronco do solo.

Observações importantes: não sobrecarregar a região cervical nem perder a ação muscular do *core* e da cadeira posterior (o que prejudicará o alinhamento). Articular a coluna, mobilizando uma vértebra por vez tanto na subida quanto na descida.

Nível de dificuldade: baixo.

3.1.4 Desenvolvimento terra unilateral

Descrição do movimento: em pé sobre uma das pernas, manter a outra à frente, com o joelho flexionado num ângulo de 90°. Os braços devem estar elevados ao lado do corpo e o tronco ereto. Projetar a perna para trás, inclinando o tronco à frente e tocando o solo com as mãos. Retornar à posição inicial e repetir o movimento com a outra perna.

Observações importantes: manter firme a pressão dos pés sobre o solo.

Nível de dificuldade: médio.

Ⓐ   Ⓑ

Visão frontal do exercício

Ⓐ   Ⓑ

Visão lateral do exercício

Variação

Descrição do movimento: em pé sobre uma das pernas, manter a outra à frente, com o joelho flexionado num ângulo de 90°. Os braços devem estar elevados ao lado do corpo e o tronco ereto. Projetar a perna para trás, inclinando o tronco à frente, flexionando os cotovelos para fora, aproximando a ponta dos dedos das mãos. As palmas das mãos deverão estar para cima. Retornar à posição inicial, elevando os braços. Repetir o movimento com a outra perna.

Observações importantes: manter firme a pressão dos pés sobre o solo.

Nível de dificuldade: alto.

Visão frontal do exercício

Visão lateral do exercício

3.1.5 Minhoca

Descrição do movimento: em pé, pernas e pés paralelos, braços ao longo do corpo e tronco alinhado. Flexionar o tronco à frente e apoiar as mãos no solo. Caminhar com as mãos para a frente até a posição de prancha. Retornar à posição inicial.

Observações importantes: manter os músculos do *core* acionados durante todo o movimento e um bom alinhamento de descarga de peso.

Nível de dificuldade: alto.

3.1.6 Perdigueiro

Descrição do movimento: em quatro apoios, os braços alinhados com os ombros, os joelhos alinhados com os quadris e a coluna alinhada, mantendo um bom posicionamento da cabeça. O peito do pé deverá estar apoiado no solo. Elevar simultaneamente o braço e a perna contrários, mantendo o alinhamento do corpo. Repetir do outro lado.

Observações importantes: manter o controle do centro (músculos do *core*) e boa dissociação de membros.

Nível de dificuldade: baixo.

3.1.7 Paraquedista

Descrição do movimento: deitado em decúbito ventral com os braços posicionados paralelamente à cabeça. Deixar pernas alongadas e unidas, com o peito do pé tocando o solo. Estender a coluna, elevando as pernas e os braços do solo, mantendo os cotovelos flexionados. Manter a posição, estendendo os cotovelos. Retornar à posição inicial.

Observações importantes: cuidado para não desalinhar a cabeça e com a sobrecarga na região lombar.

Nível de dificuldade: alto.

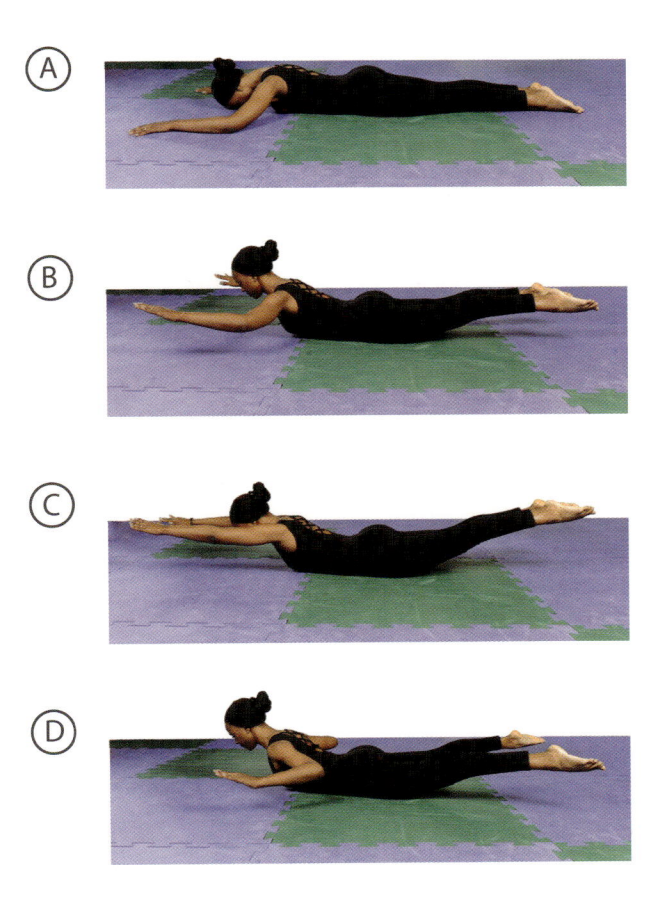

3.1.8 Passada à frente

Descrição do movimento: em pé, com os braços ao longo do corpo e o tronco alinhado. Deslocar uma das pernas à frente com o joelho flexionado. Flexionar ambos os joelhos. Retornar à posição inicial.

Observações importantes: não perder o alinhamento do tronco durante a passada à frente.

Nível de dificuldade: baixo.

Variação

Descrição do movimento: em pé, com os braços ao longo do corpo e o tronco alinhado. Deslocar um das pernas para trás, com o joelho flexionado. Flexionar ambos os joelhos. Retornar à posição inicial.

Observações importantes: não perder o alinhamento do tronco durante a passada para trás.

Nível de dificuldade: médio.

3.1.9 Agachamento livre

Descrição do movimento: em pé com os braços ao longo do corpo, flexionar joelhos e quadris posicionando os braços à frente. Voltar à posição inicial.

Observações importantes: não perder o alinhamento do tronco durante o movimento e manter os músculos do *core* contraídos. A contração muscular deve ser concentrada nos músculos dos quadris.

Nível de dificuldade: médio.

3.1.10 Agachamento com salto

Descrição do movimento: em pé, pernas afastadas em rotação externa de quadris, tronco ereto e cotovelos flexionados. As palmas das mãos devem estar unidas à frente do corpo. Flexionar os joelhos e, em seguida, saltar o mais alto possível para cima estendendo as pernas. Retornar suavemente ao solo aliviando a sobrecarga do corpo flexionando os joelhos.

Observações importantes: cuidados devem ser tomados em relação ao volume de saltos utilizados em uma mesma sessão de treino. Indivíduos que não tenham sido submetidos a sessões de treinamento de força anteriormente devem evitar esse tipo de exercício. Evitar manter os joelhos completamente estendidos na fase de contato com o solo a fim de evitar impactos desnecessários para as articulações.

Indivíduos com alguma lesão nas articulações de membros inferiores também não devem realizá-lo. Para bons resultados, recomendamos que os saltos sejam inseridos 2 vezes na semana (Bompa, 2004).

Nível de dificuldade: médio.

3.1.11 Agachamento russo

Descrição do movimento: em pé, tronco alinhado, braços ao longo do corpo e pernas paralelas. Flexionar os joelhos e os quadris, ficando em posição de agachamento com os braços alinhados à frente do corpo. Descer os quadris até tocar o glúteo no solo e rolar para trás lançando as pernas acima do corpo mantendo os braços estendidos paralelos ao solo. O peso do corpo deverá estar concentrado na região torácica. Retornar à posição inicial.

Observações importantes: manter a cabeça fora do chão para não sobrecarregar a cervical e acionar os abdominais durante o rolamento.

Nível de dificuldade: alto.

3.1.12 Bom dia

Descrição do movimento: em pé, com as pernas paralelas, braços ao longo do corpo com o tronco ereto. Flexionar os joelhos e os quadris apoiando as mãos no solo (ficar em cócoras). Estender as pernas e os quadris simultaneamente, ficando em posição de prancha para, em seguida, flexionar o cotovelo, deixando o corpo paralelo ao solo (realizar flexão de braços).

Observações importantes: esse exercício pode ter algumas variações, por exemplo, o aluno/cliente pode efetuar algumas flexões antes de retornar à posição inicial ou, ainda, realizar o movimento repetidas vezes. Uma dica para dar ao aluno/cliente é que a maior ação do exercício é o salto em explosão para trás e para a frente, mantendo a posição de prancha com os músculos do *core* totalmente contraídos.

Nível de dificuldade: alto.

3.1.13 Prancha lateral

Descrição do movimento: em decúbito lateral, as pernas estendidas e unidas. O quadril deve estar apoiado no solo. Um dos antebraços deve ficar apoiado no solo, e o braço que estiver na parte de cima deve ficar ao longo do corpo, mantendo o alinhamento da cabeça. Pressionar o antebraço no solo e elevar o quadril, mantendo as pernas abduzidas e acionando a região do *core*. Estender o braço que estiver acima, alinhando-o com o ombro.

Observações importantes: não desorganizar a escápula; não desalinhar os quadris.

Nível de dificuldade: médio.

3.1.14 Prancha com rotação de tronco

Descrição do movimento: em quatro apoios (prancha), os braços alinhados com os ombros, a coluna neutra e as pernas estendidas. Fazer uma rotação de tronco, elevando o braço que está acima. Na sequência, rotar novamente os quadris, passando o braço que está acima por debaixo do corpo.

Observações importantes: não desalinhar o braço de apoio; aplicar força nos abdominais para elevar os quadris.

Nível de dificuldade: alto.

3.1.15 Serrote

Descrição do movimento: sentado sobre os isquiotibiais, os pernas estendidas, os braços elevados até a linha dos ombros, com as palmas das mãos para cima. Fazer uma leve rotação de tronco, mantendo o queixo alinhado com o esterno. Na sequência, realizar uma flexão de tronco, deixando o braço direito alinhado com a perna direita e o outro braço estendido atrás do corpo, com a palma da mão voltada para dentro.

Observações importantes: manter a flexibilidade, pois sua falta pode prejudicar a postura inicial; não desorganizar a cabeça em relação ao movimento.

Nível de dificuldade: baixo.

3.1.16 Ponte sobre os ombros (unipodal)

Descrição do movimento: deitado em decúbito dorsal, com os braços ao longo do corpo. Os joelhos e os quadris devem estar flexionados, e os pés, apoiados no solo. Elevar toda a coluna do solo, mantendo uma extensão dos quadris, com o peso do corpo na região torácica. Na sequência, elevar uma das pernas do solo, mantendo os quadris alinhados. Repetir com a outra perna.

Observações importantes: evitar a sobrecarga na região cervical; aplicar força nos glúteos para realizar a extensão dos quadris.

Nível de dificuldade: baixo.

Variação com superfície instável

Nível de dificuldade: médio.

3.1.17 *Sideline* com acessório

Descrição do movimento: deitado de lado, com as pernas unidas e estendidas. Um dos braços deve permanecer no solo, alongado acima da cabeça. O outro braço deve ficar alinhado com o peitoral, segurando o círculo de resistência. Pressionar o círculo de resistência para baixo e, ao mesmo tempo, elevar as pernas e o tronco do solo.

Observações importantes: não desalinhar as pernas, mantendo, assim, o alinhamento dos quadris.

Nível de dificuldade: médio.

3.1.18 Extensão de coluna com acessório

Descrição do movimento: em decúbito ventral, deixar as mãos apoiadas acima da cabeça no círculo de resistência. Manter a cabeça alinhada com a coluna e as pernas estendidas e apoiadas no solo. Pressionar o círculo de resistência para baixo, aumentando a extensão da coluna e elevando as duas pernas do solo.

Observações importantes: não desalinhar a cintura escapular; não sobrecarregar a lombar.

Nível de dificuldade: alto.

3.1.19 Rolamento para cima com acessório

Descrição do movimento: deitado em decúbito dorsal, as pernas estendidas, a pelve e a coluna neutras, com os braços elevados na linha do peitoral. Rolar a coluna para cima, pressionando o círculo de resistência, fazendo uma grande flexão da coluna. Os braços e as pernas devem manter-se paralelos.

Observações importantes: a falta de mobilidade na coluna e de força nos músculos do *core* pode prejudicar o movimento.

Nível de dificuldade: médio.

3.1.20 Flexão de coluna com acessório

Descrição do movimento: deitado em decúbito dorsal, com os quadris e as pernas flexionados, manter o círculo de resistência entre as pernas. Deixar os braços ao longo do corpo e os pés bem apoiados no solo. Fazer uma flexão da coluna, mantendo a estabilização da pelve.

Observações importantes: evitar a desorganização da pelve e a sobrecarga na coluna cervical.

Nível de dificuldade: baixo.

Variações com as pernas elevadas

Nível de dificuldade: médio.

3.1.21 *Teaser* com acessório

Descrição do movimento: deitado em decúbito dorsal, com as pernas e os quadris flexionados, manter o círculo de resistência entre as pernas. Deixar os braços elevados e estendidos na linha do peito, pressionando o círculo de resistência. Os pés devem estar bem apoiados no solo. Pressionar o círculo de resistência elevando as duas pernas do chão (a 90°). Em seguida, rolar a coluna para cima, estendendo os joelhos e ativando os músculos do *core.*

Observações importantes: evitar a falta de força no *core* para sustentar as pernas e o tronco em elevação.

Nível de dificuldade: alto.

3.1.22 Agachamento com acessório

Descrição do movimento: em pé, com o corpo alinhado e os braços elevados e estendidos na linha do peito, segurar o círculo de resistência. Fazer um agachamento, flexionando joelhos e quadris, e elevar os dois braços simultaneamente, pressionando o círculo de resistência.

Observações importantes: não fazer uma retroversão de quadris durante o agachamento e não sobrecarregar a lombar.

Nível de dificuldade: médio.

3.2 Exercícios com bola suíça

A bola suíça é um excelente material de trabalho para aumentar a propriocepção, a força e, em alguns casos, a flexibilidade. Além disso, é extremamente recomendada para estímulo dos músculos do *core* (Monteiro e Evangelista, 2009; Sekendiz, Cug e Korkusuz, 2010). Para um indivíduo que nunca foi submetido a exercícios com esse material, recomenda-se extremo cuidado, e eles, por questão de segurança, podem ser feitos em um tatame.

3.2.1 Circundução

Descrição do movimento: em pé, com as pernas paralelas e o tronco ereto. Segurar a bola à frente do corpo e, em seguida, direcioná-la para um dos lados do corpo, dando a volta pela cintura e retornando à frente do corpo.
Observações importantes: esse exercício é excelente para trabalhar a mobilidade da cintura escapular.
Nível de dificuldade: baixo.

3.2.2 Abdômen canivete

Descrição do movimento: em posição de prancha sobre a bola, os braços alinhados com os ombros e os músculos do *core* acionados. As pernas deverão estar estendidas e o peito do pé apoiado na bola. Flexionar os joelhos e os quadris arredondando a coluna, aproximando a cabeça do joelho. Os pés não podem perder o contato com a bola. Retornar à posição inicial.

Observações importantes: manter o alinhamento da cintura escapular e a ação dos músculos do *core* e dos glúteos.

Nível de dificuldade: alto.

3.2.3 Remada

Descrição do movimento: de joelhos no solo, apoiar os antebraços na bola e manter os pés sem contato com o solo. Empurrar a bola à frente, realizando uma flexão de ombros e jogando o peso do corpo sobre a bola. A organização corporal deve ser mantida durante todo o movimento. Retornar à posição inicial.

Observações importantes: não sobrecarregar ombros e punhos durante o movimento. A coluna também deve estar sempre alinhada sem perder a ação dos músculos estabilizadores do tronco.

Nível de dificuldade: alto.

Variação

Descrição do movimento: em posição de prancha, com os braços e as mãos paralelos, os cotovelos flexionados e os antebraços apoiados na bola. Empurrar a bola à frente, realizando uma flexão de ombros sem perder o alinhamento do tronco.

Observações importantes: não sobrecarregar os ombros durante o movimento. A coluna também deve estar sempre alinhada sem perder a ação dos músculos estabilizadores do tronco.

Nível de dificuldade: alto.

3.2.4 Prancha com deslocamento de joelho

Descrição do movimento: em posição de prancha sobre a bola, os braços alinhados com os ombros e os músculos do *core* acionados. As pernas deverão estar estendidas e os peitos dos pés apoiados na bola. Flexionar um dos joelhos e o quadril, realizando, em seguida, adução tentando deixar esse quadril o mais alinhado possível. O outro pé não pode perder o contato com a bola. Retornar à posição inicial e realizar o movimento com a outra perna.

Observações importantes: não movimentar em demasia os quadris, pois isso desestabilizará o tronco.

Nível de dificuldade: alto.

3.2.5 Rolamento

Descrição do movimento: de joelhos no solo, com as mãos e os antebraços apoiados na bola, o tronco deverá estar alinhado, e os metatarsos apoiados no solo. Deslizar, suavemente, para uma posição de prancha, caminhando com as mãos pelo solo sem perder o alinhamento do corpo. Retornar devagar à posição inicial.

Observações importantes: manter a organização da cintura escapular e os músculos do *core* acionados. Cuidados adicionais devem ser tomados nas primeiras vezes que o aluno/cliente for executar esse exercício. O tatame, nesse caso, é bastante recomendado.

Nível de dificuldade: alto.

3.2.6 Extensão de coluna

Descrição do movimento: de joelhos no solo, com as mãos apoiadas na bola, o tronco deverá estar alinhado e os metatarsos apoiados no solo. Inclinar o corpo apoiando o tronco na bola para, em seguida, estender a coluna, elevando os braços acima da linha da cabeça, realizando o movimento em grande amplitude.

Observações importantes: evitar sobrecarga na região lombar, acionando os glúteos e os músculos do *core*. Manter os ombros longe da orelha e não colocar o queixo no peito.

Nível de dificuldade: médio.

3.2.7 Ponte sobre os ombros

Descrição do movimento: deitado em decúbito dorsal, com os braços levemente afastados do corpo, a coluna alinhada, os joelhos e os quadris flexionados, e os pés apoiados na bola. Ativar os músculos da cadeia posterior e do
core, elevando o tronco sem perder o alinhamento. Retornar à posição inicial.

Observações importantes: não sobrecarregar a região cervical nem perder a
ação muscular do *core* e da cadeira posterior (o que prejudicará o alinhamento).
Articular a coluna mobilizando uma vértebra por vez tanto na subida quanto
descida.

Nível de dificuldade: médio.

3.2.8 Flexão de braços

Descrição do movimento: em posição de prancha, com o tronco alinhado, as pernas estendidas e as mãos apoiadas na bola. Os metatarsos devem tocar o solo. Flexionar o cotovelo aproximando o tronco da bola sem perder a estabilidade corporal. Retornar à posição inicial.

Observações importantes: não sobrecarregar ombros e punhos nem perder a ativação dos músculos estabilizadores do tronco (músculos do *core*).

Nível de dificuldade: médio.

Visão lateral do exercício

Visão frontal do exercício

Variação

Descrição do movimento: de joelhos no solo, tronco alinhado com as pernas elevadas. Flexionar o cotovelo, aproximando o tronco da bola sem perder a estabilidade corporal. Retornar à posição inicial.

Observações importantes: não sobrecarregar ombros e punhos nem perder a ativação dos músculos estabilizadores do tronco (músculos do *core*). Esse exercício é uma excelente variação para mulheres.

Nível de dificuldade: baixo.

3.2.9 Giro

Descrição do movimento: em posição supina na bola, apoiar a região torácica e deixar os braços afastados na linha dos ombros. O tronco deverá estar alinhado aos quadris e calcanhares alinhados aos joelhos. Girar o tronco e, simultaneamente, estender os joelhos até alcançar a posição de prancha lateral. Em seguida, continuar girando até apoiar a região do esterno na bola, mantendo os braços alongados e as mãos longe do solo. Os pés devem ficar paralelos ao final do movimento. Retornar à posição inicial girando novamente o tronco.

Observações importantes: a cabeça deve acompanhar o movimento, e os músculos do *core* devem estar acionados para a manutenção de um bom posicionamento corporal.

Nível de dificuldade: alto.

3.3 Exercícios com elásticos

Os exercícios com elásticos são excelentes alternativas para estímulos da resistência de força e, em alguns casos, da potência. Podemos usar diversos tipos de elásticos para diferentes grupamentos musculares. Os elásticos oferecem vários tipos de resistência durante o movimento quando são deformados ou alongados (McMaster, Cronin e McGuigan, 2010), sendo úteis em diversas situações para melhora da capacidade funcional tanto no alto nível quanto na qualidade de vida e saúde (Page, 2000; Page et al., 1993).

3.3.1 Abdução horizontal de ombro

Descrição do movimento: em pé, com as pernas paralelas e o tronco ereto. Com uma das mãos segurando o elástico, realizar a abdução horizontal do ombro até a linha deste. Retornar à posição inicial.

Observações importantes: a tensão do elástico deverá ser mantida durante todo o movimento. Evitar a projeção da cabeça para a frente e os ombros para cima. O tronco deverá estar estabilizado durante todo o movimento.

Nível de dificuldade: baixo.

3.3.2 Adução horizontal de ombro

Descrição do movimento: em pé, com as pernas paralelas e o tronco ereto. Com uma das mãos segurando o elástico, realizar a adução horizontal do ombro até a linha deste. Retornar à posição inicial.

Observações importantes: a tensão do elástico deverá ser mantida durante todo o movimento. Evitar a projeção da cabeça para a frente e os ombros para cima. O tronco deverá estar estabilizado durante todo o movimento.

Nível de dificuldade: baixo.

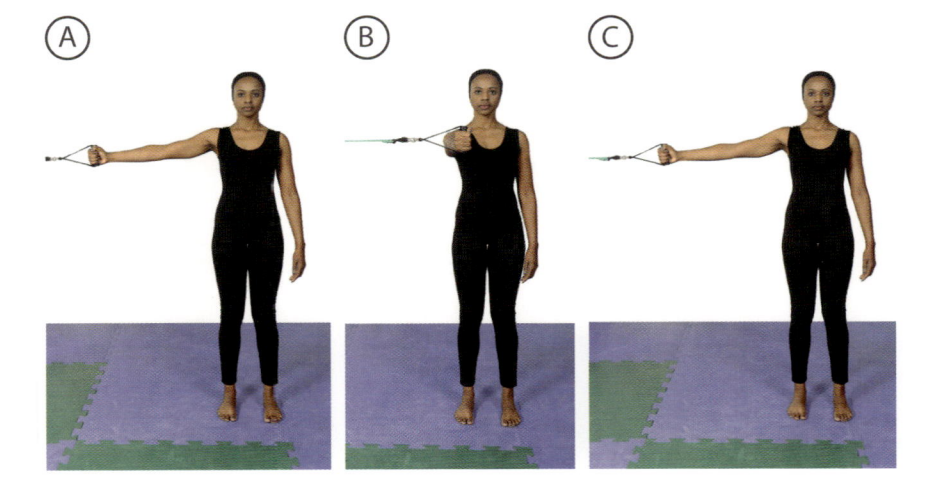

3.3.3 Rotação externa de ombro

Descrição do movimento: em pé, com as pernas paralelas e o tronco ereto. Os cotovelos deverão estar flexionados. Posicionar o elástico entre as mãos e realizar a rotação externa de ambos os ombros. Retornar à posição inicial.

Observações importantes: a tensão do elástico deverá ser mantida durante todo o movimento. Os ombros devem estar alinhados.

Nível de dificuldade: baixo.

3.3.4 Passada lateral

Descrição do movimento: com o elástico posicionado abaixo da linha dos joelhos, mantendo a posição de meio-agachamento, realizar a abdução de quadris deslocando-se lateralmente. Executar o movimento de ambos os lados. A distância percorrida pode variar.

Observações importantes: a tensão do elástico deverá ser mantida durante todo o movimento.

Nível de dificuldade: baixo.

Os elásticos também poderão ser posicionados em diferentes locais (joelhos e pés). O intuito é o de aumentar ou atenuar a resistência. Logo abaixo dos joelhos, ela é fácil, nos tornozelos, média, e nos pés difícil.

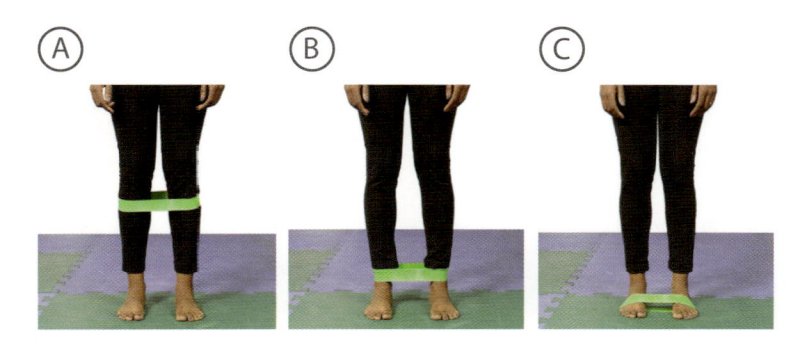

3.3.5 Flexão de ombro unilateral

Descrição do movimento: em pé, com as pernas paralelas e o tronco ereto. Mantendo os cotovelos levemente flexionados, realizar uma flexão de ombro até a linha da cabeça. Retornar à posição inicial.

Observações importantes: a tensão do elástico deverá ser mantida durante todo o movimento.

Nível de dificuldade: baixo.

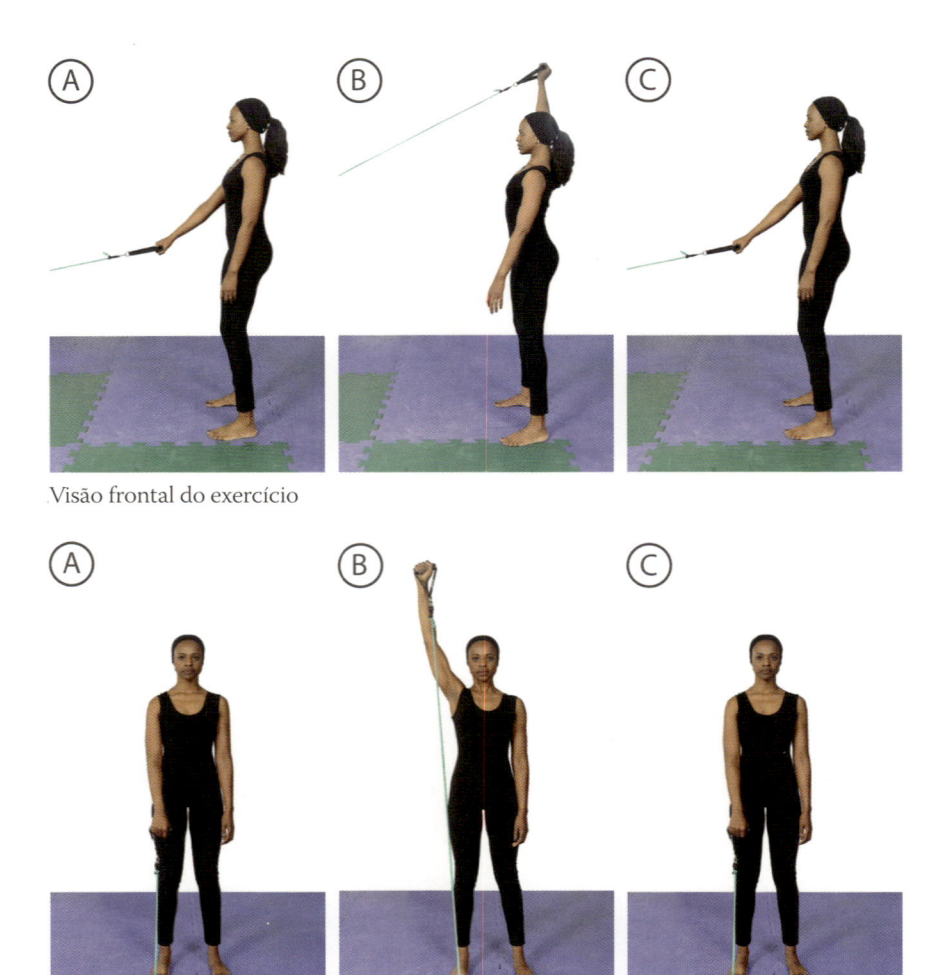

Visão frontal do exercício

Visão lateral do exercício

3.3.6 Arremesso

Descrição do movimento: em pé, com as pernas paralelas, joelhos e quadris levemente flexionados e o tronco ereto. Segurar os elásticos com as duas mãos, elevando-os acima da linha da cabeça. Ao mesmo tempo, alongar o corpo, retirando os calcanhares do solo. Retornar à posição inicial.

Observações importantes: esse movimento deverá ser feito o mais rápido possível.

Nível de dificuldade: alto.

3.3.7 Arremesso no *super band*

Descrição do movimento: em pé, com as pernas paralelas, joelhos e quadris levemente flexionados e o tronco ereto. Posicionar o *super band* abaixo dos pés, segurando-o com as mãos. Elevá-lo acima da linha da cabeça, estendendo o corpo de forma simultânea. Retornar à posição inicial.

Observações importantes: esse movimento deverá ser feito o mais rápido possível.

Nível de dificuldade: alto.

Visão lateral do exercício

Visão frontal do exercício

Variação I

Descrição do movimento: em pé, com as pernas paralelas, joelhos e quadris levemente flexionados e o tronco ereto. Posicionar o *super band* abaixo dos pés, segurando-o com uma das mãos. Elevá-lo acima da linha da cabeça, estendendo o corpo de forma simultânea. Retornar à posição inicial.

Observações importantes: esse movimento deverá ser feito o mais rápido possível.

Nível de dificuldade: alto.

Variação II

Descrição do movimento: em pé, com as pernas paralelas, joelhos e quadris flexionados e o tronco ereto. Posicionar o tensor elástico abaixo dos pés, segurando-o com as duas mãos, mantendo-as acima da linha da cabeça com cotovelos em extensão. Realizar a extensão de quadris e joelhos. Retornar à posição inicial.

Observações importantes: o tensor elástico não deverá perder a tensão durante todo o movimento. O tronco deverá se manter alinhado por meio da ativação dos músculos do *core*.

Nível de dificuldade: alto.

Visão lateral do exercício

Visão frontal do exercício

3.3.8 Remada unilateral em prancha

Descrição do movimento: em posição de prancha, segurar o elástico com uma das mãos, realizando o movimento da remada. Retornar à posição inicial e, após finalizar a série, repetir do outro lado.

Observações importantes: a tensão do elástico deverá ser mantida durante todo o movimento assim como a estabilização do tronco. Para melhor base de suporte, recomenda-se manter as pernas bem afastadas.

Nível de dificuldade: alto.

3.3.9 Empurrada unilateral em prancha

Descrição do movimento: em posição de prancha, manter o cotovelo flexionado na linha dos ombros. Segurar o elástico com uma das mãos, realizando o movimento de empurrar estendendo o cotovelo à frente na linha do ombro. Retornar à posição inicial e, após finalizar a série, repetir do outro lado.

Observações importantes: a tensão do elástico deverá ser mantida durante todo o movimento, assim como a estabilização do tronco. Para melhor base de suporte, recomenda-se manter as pernas bem afastadas.

Nível de dificuldade: alto.

3.3.10 Puxada interna

Descrição do movimento: em posição de prancha, segurar o elástico com uma das mãos, mantendo cotovelo flexionado acima da linha do corpo e o ombro em extensão. Realizar o movimento de adução horizontal do ombro, mantendo o cotovelo flexionado. Retornar à posição inicial e, após finalizar a série, repetir do outro lado.

Observações importantes: a tensão do elástico deverá ser mantida durante todo o movimento, assim como a estabilização do tronco. Para melhor base de suporte, recomenda-se manter as pernas bem afastadas.

Nível de dificuldade: alto.

3.3.11 Puxada externa

Descrição do movimento: em posição de prancha, segurar o elástico com uma das mãos, mantendo cotovelo flexionado acima da linha do corpo e o ombro em extensão. Realizar o movimento de abdução horizontal do ombro, mantendo o cotovelo flexionado. Retornar à posição inicial e, após finalizar a série, repetir do outro lado.

Observações importantes: a tensão do elástico deverá ser mantida durante todo o movimento, bem como a estabilização do tronco. Para melhor base de suporte, recomenda-se manter as pernas bem afastadas.

Nível de dificuldade: alto.

3.3.12 Afundo com acessório

Descrição do movimento: em pé, com as pernas em posição anteroposterior, braços ao longo do corpo, segurando a faixa elástica, que deve estar disposta embaixo do pé que está à frente. Fazer flexão dos joelhos e dos quadris, elevando os braços simultaneamente nas laterais do corpo. Manter o alinhamento durante todo o movimento.

Observações importantes: não desequilibrar o apoio das pernas, nem sobrecarregar a lombar e os joelhos.

Nível de dificuldade: alto.

3.3.13 Avião com acessório

Descrição do movimento: em pé, com as pernas em posição anteroposterior. Deixar os braços ao longo do tronco, segurando a faixa elástica, que deve estar apoiada no pé que estiver atrás da linha do corpo. Inclinar o corpo à frente, elevando uma das pernas do solo (a mesma perna na qual a faixa elástica está apoiada). Ao mesmo tempo, afastar os braços até a linha dos ombros.

Observações importantes: evitar a falta de equilíbrio e de força no *core*.

Nível de dificuldade: médio.

3.3.14 Rotação de coluna

Descrição do movimento: sentado sobre os isquiotibiais, as pernas estendidas, os braços elevados até a linha dos ombros, com as palmas das mãos para cima, segurando a faixa elástica. Fazer uma leve rotação de tronco, mantendo o queixo alinhado com o esterno. Os braços devem manter-se estabilizados durante todo o movimento.

Observações importantes: evitar a falta de flexibilidade, que pode prejudicar a postura inicial, e evitar desorganizar a cabeça em relação ao movimento.

Nível de dificuldade: baixo.

3.4 Exercícios em plataformas instáveis

O trabalho em plataformas instáveis tem como um dos principais objetivos estimular por meio da propriocepção, órgãos sensoriais localizados nos músculos, articulações e tendões (além de ligamentos e pele). Sua função é controlar a condução de informações sensoriais para o sistema nervoso central (Campos e Neto, 2008).

Dessa forma, as plataformas instáveis são bastante utilizadas para o processo de reabilitação. O objetivo de sua aplicação é restabelecer os caminhos aferentes dos mecanorreceptores dos locais lesionados e facilitar os caminhos aferentes. Os exercícios devem ser desenvolvidos para estimular os mecanorreceptores músculos tendíneos (Campos e Neto, 2008).

3.4.1 Equilíbrio na prancha

Descrição do movimento: em pé, com o tronco levemente inclinado à frente e os braços elevados. Os pés deverão estar paralelos com os joelhos, e os quadris levemente flexionados, com o aluno/cliente tentando buscar o equilíbrio a todo momento.

Observações importantes: manter firme o apoio dos pés e a ação dos músculos estabilizadores do corpo.

Nível de dificuldade baixo.

Variação I

Descrição do movimento: em pé, com o tronco levemente inclinado à frente e os braços elevados. Os pés deverão estar paralelos com os joelhos, e os quadris levemente flexionados, com o aluno/cliente tentando buscar o equilíbrio a todo momento.

Observações importantes: manter firme o apoio dos pés e a ação dos músculos estabilizadores do corpo.

Nível de dificuldade: baixo.

Variação II

Descrição do movimento: em pé mantendo as pernas paralelas com um dos pés em rotação externa. Joelhos e quadris levemente flexionados, tronco ereto com uma leve inclinação. O professor deverá estimular o aluno/cliente a buscar o equilíbrio a todo momento.

Observações importantes: manter firme o apoio dos pés e a ação dos músculos estabilizadores do corpo.

Nível de dificuldade: baixo.

3.4.2 Agachamento sobre a prancha

Descrição do movimento: em posição de agachamento, pés paralelos, joelhos e quadris levemente flexionados, tronco inclinado à frente. Realizar o agachamento e retornar à posição inicial.

Observações importantes: não perder o alinhamento dos joelhos e dos tornozelos.

Nível de dificuldade: médio.

Variação

Descrição do movimento: em posição de agachamento, pés paralelos, joelhos e quadris levemente flexionados, tronco inclinado à frente. Realizar o agachamento e retornar à posição inicial.

Observações importantes: não perder o alinhamento dos joelhos e dos tornozelos.

Nível de dificuldade: médio.

3.4.3 Equilíbrio na plataforma com sobrecarga

Descrição do movimento: Suba na plataforma de instabilidade mantendo os pés afastados um pouco além da linha dos quadris. Realize pequena flexão de joelhos e quadris, segurando o peso com alças em uma das mãos. Mantendo a posição, passar o peso por baixo das pernas até alcançar a outra mão, formando um "8". Repita para o outro lado.

Observações importantes: não perder o alinhamento dos joelhos e dos tornozelos. Acionar os músculos do *core* durante todo o movimento.

Nível de dificuldade: médio.

3.4.4 Desenvolvimento terra unilateral no *balance disc*

Descrição do movimento: em pé sobre uma das pernas, manter a outra à frente com o joelho flexionado num ângulo de 90°. Os braços devem estar elevados ao lado do corpo e o tronco ereto. Projetar uma perna para trás, inclinando o tronco à frente e tocando o solo com as mãos. Retornar à posição inicial e repetir o movimento com a outra perna.

Observações importantes: manter firme a pressão dos pés sobre o *balance disc*.

Nível de dificuldade: alto.

Visão lateral do exercício

Visão frontal do exercício

3.4.5 Equilíbrio bipodal no *balance disc*

Descrição do movimento: em pé, sobre o *balance disc*. Manter os pés parale-los, o tronco alinhado e os braços ao longo do corpo. Manter os músculos do *core* acionados, tentando buscar o equilíbrio a todo momento.

Observações importantes: esse é um exercício básico inicial para melhorar o equilíbrio e a propriocepção. Tem excelente aplicação para indivíduos com his-tórico de entorses.

Nível de dificuldade: baixo.

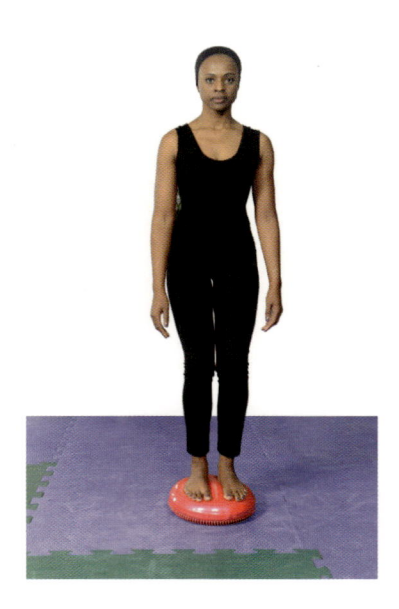

Variação

Descrição do movimento: em pé, manter apenas um dos pés apoiados no *balance disc* enquanto o outro está elevado com o joelho em flexão. A perna deverá ser lançada para trás e para cima.

Observações importantes: os braços podem ser afastados do corpo para auxiliar no equilíbrio.

Nível de dificuldade: médio.

3.4.6 Estabilização no *disc*

Descrição do movimento: sentado sobre o *disc*, manter os pés apoiados no solo e as mãos apoiadas nos joelhos que devem estar flexionados. A coluna deve estar em flexão. Elevar os braços e pernas, mantendo a flexão da coluna.

Observações importantes: não perder a ação dos músculos do *core* e a organização da cintura escapular.

Nível de dificuldade: alto.

3.4.7 Subida na cama elástica

Descrição do movimento: em pé, com as pernas em posição anteroposterior, braços ao longo do corpo. A perna que está à frente deve ser posicionada em cima da cama elástica. Deixar o calcanhar de baixo elevado. Pressionar o pé que está à frente na cama elástica e subir em direção ao teto, estendendo a perna. A perna que está atrás deve ser projetada à frente, realizando-se uma flexão de quadris e de joelhos. Retornar à posição inicial. Repetir com o lado oposto.

Observações importantes: evitar a falta de alinhamento dos joelhos e o desequilíbrio corporal.

Nível de dificuldade: baixo.

3.4.8 Prancha na cama elástica com variações

Descrição do movimento: iniciar na posição de prancha ventral. Deixar as mãos apoiadas na cama elástica e os pés no solo. As pernas devem estar paralelas e o corpo, alinhado. Fazer uma flexão de cotovelos, mantendo-os paralelos ao tronco. Em seguida, estender os cotovelos e elevar uma das pernas do solo. Repetir o movimento com a outra perna.

Observações importantes: evitar a falta de alinhamento corporal.

Nível de dificuldade: médio.

3.4.9 Agachamento na cama elástica

Descrição do movimento: em pé, com uma das pernas apoiadas na cama elástica. Manter os braços estendidos na linha do peito, os pés afastados e abduzidos. Fazer flexão dos joelhos e dos quadris.

Observações importantes: evitar a sobrecarga excessiva em uma das pernas e na lombar.

Nível de dificuldade: médio.

Variação: subida e descida na cama elástica com flexão e rotação de quadril

Nível de dificuldade: alto.

3.4.10 Corrida na cama elástica

Descrição do movimento: em pé, com as pernas em posição anteroposterior. Deixar os braços alternados e os cotovelos flexionados. Subir na cama elástica, simulando o movimento de corrida. Segurar o movimento por alguns segundos e retornar à posição inicial. Repetir com o outro lado.

Observações importantes: não perder o equilíbrio nem a coordenação do movimento.

Nível de dificuldade: baixo.

3.5 Exercícios no Bosu®

A utilização do Bosu® tanto para o *fitness* quanto para usos clínicos vem ganhando cada vez mais aceitação entre os profissionais da área da saúde. Muitas academias, clínicas de reabilitação e centros de treinamento têm esse equipamento como item fundamental para melhorar força, equilíbrio, propriocepção e capacidade funcional (Laudner e Koschnitzky, 2010). Seu uso, porém, deve ser aplicado com parcimônia, pois alguns estudos não demonstram diferenças em relação à ativação dos músculos do *core* quando exercícios como o agachamento foram realizados em superfícies estáveis *versus* no Bosu® (Willardson, Fontana e Bressel, 2009). Além disso, parece não haver diferenças em relação à utilização dos lados para o trabalho de estabilidade e propriocepção (Laudner e Koschnitzky, 2010).

De forma geral, os dados na literatura ainda são bastante controversos e novas pesquisas se fazem necessárias para conduzir o problema a uma solução baseada em fatos.

3.5.1 Agachamento

Descrição do movimento: em posição de agachamento em cima do Bosu®, pés paralelos, joelhos e quadris levemente flexionados, tronco inclinado à frente. Realizar o agachamento e retornar à posição inicial. Os braços devem ficar à frente do corpo durante todo o movimento.

Observações importantes: não perder o alinhamento dos joelhos e dos tornozelos.

Nível de dificuldade: médio.

Visão lateral do exercício

Visão frontal do exercício

Variação

Descrição do movimento: em posição de agachamento em cima do Bosu® com a base para cima, pés paralelos, joelhos e quadris levemente flexionados, tronco inclinado à frente. Os braços deverão estar projetados à frente do corpo na linha dos ombros. Realizar o agachamento e retornar à posição inicial.

Observações importantes: não perder o alinhamento dos joelhos e dos tornozelos.

Nível de dificuldade: alto.

3.5.2 Ajoelhar

Descrição do movimento: em pé, com os pés e pernas paralelos mantendo os braços ao longo do corpo. Flexionar os joelhos apoiando o esquerdo no Bosu®. Após encontrar o ponto de equilíbrio, elevar os braços e apoiar o joelho esquerdo no acessório. Manter-se na posição durante 3 a 5 segundos e retornar a posição inicial (sem deixar os pés tocarem no chão e nem perder o equilíbrio).

Observações importantes: evitar inclinar demais o tronco e perder a ação dos músculos do *core*.

Nível de dificuldade: alto.

Visão lateral do exercício

Visão frontal do exercício

3.5.3 Prancha: cotovelo *versus* mão

Descrição do movimento: em posição de prancha com as mãos apoiadas no Bosu®. Os quadris e o tronco deverão estar alinhados, e as pernas estendidas e paralelas com o apoio dos metatarsos no solo. Flexionar os dois cotovelos, apoiando um deles sobre o Bosu®. Apoiar um cotovelo seguido do outro e voltar posicionando a mão ao solo seguida pela adjacente. Lembrar que devemos sempre manter o exercício com um lado de domínio, ou seja, se começar colocando o cotovelo direito sobre o Bosu®, a mão direita deverá ir ao solo na sequência. Repetir o movimento com o outro cotovelo. Retornar à posição inicial.

Observações importantes: manter os músculos do *core* acionados, bem como o alinhamento corporal. Uma boa descarga de pesos nos membros superiores e inferiores também é fundamental.

Nível de dificuldade: médio.

Visão lateral do exercício

Visão frontal do exercício

3.5.4 Flexão explosiva

Descrição do movimento: em posição de prancha com as mãos apoiadas no solo. Os quadris e o tronco deverão estar alinhados, e as pernas estendidas e paralelas com o apoio dos metatarsos no solo. Com um movimento rápido, retirar ambas as mãos do solo e apoiá-las no Bosu®. Retornar à posição inicial, realizando mais uma flexão, também com um movimento rápido.

Observações importantes: manter os músculos do *core* acionados, bem como o alinhamento corporal. Uma boa descarga de pesos nos membros superiores e inferiores também é fundamental. Outro cuidado a ser tomado é evitar estender totalmente os cotovelos no retorno ao solo. Ao mantê-los levemente flexionados, as articulações não sofrerão impactos desnecessários.

Nível de dificuldade: alto.

3.5.5 Esquiador unipodal

Descrição do movimento: em pé, com o tronco alinhado, os braços ao longo do corpo. As pernas e os pés deverão estar paralelos. O Bosu® deverá estar ao lado com uma distância de aproximadamente 50 a 70 centímetros. Com um movimento rápido, saltar lateralmente com uma das pernas sobre o Bosu® mantendo a outra elevada do solo e projetada para trás cruzando atrás do joelho de apoio. Ao mesmo tempo, o tronco deverá estar inclinado à frente (simulando o movimento de esquiar). Executar o movimento para o outro lado, saindo do Bosu® e trocando a posição das pernas simultaneamente.

Observações importantes: manter os músculos do *core* acionados, bem como o alinhamento corporal. Há uma boa descarga de pesos nos membros inferiores. Esse exercício deve ser evitado para alunos/clientes iniciantes, pois eles ainda não têm boa propriocepção, o que pode aumentar o risco de entorses durante o movimento.

Nível de dificuldade: alto.

3.5.6 Salto bipodal

Descrição do movimento: em pé, com o tronco alinhado, os braços ao longo do corpo. As pernas e os pés deverão estar paralelos. O Bosu® deverá estar ao lado com uma distância de aproximadamente 50 centímetros, podendo chegar até 1,20 metro. Com um movimento rápido, saltar com ambas as pernas sobre o Bosu® e realizar um agachamento. Retornar à posição inicial.

Observações importantes: manter os músculos do *core* acionados, assim como o alinhamento corporal. Esse exercício deve ser evitado para alunos/clientes iniciantes, pois eles ainda não possuem boa propriocepção, o que pode aumentar o risco de entorses durante o movimento.

Nível de dificuldade: alto.

3.5.7 Salto unipodal

Descrição do movimento: em pé, com o tronco alinhado, os braços ao longo do corpo. As pernas e os pés deverão estar paralelos. O Bosu® deverá estar ao lado com uma distância de aproximadamente 20 a 30 centímetros. Com um movimento rápido, saltar com uma das pernas sobre o Bosu® e realizar pequena flexão dos quadris e dos joelhos para evitar a sobrecarga articular. Retornar à posição inicial.

Observações importantes: manter os músculos do *core* acionados assim como o alinhamento corporal. Esse exercício deve ser evitado para alunos/clientes iniciantes, pois eles ainda não possuem boa propriocepção, o que pode aumentar o risco de entorses durante o movimento.

Nível de dificuldade: alto.

3.6 Exercícios com *medicine ball*

O treinamento com a *medicine ball* pode ser utilizado para os mais diversos objetivos. Os trabalhos de força e potência são os mais vistos no que tange à utilização desse tipo de material. Alguns cuidados que devemos tomar com nossos alunos/clientes incluem:

- iniciar o trabalho sempre após um bom aquecimento (essa dica é válida em todas as situações);
- a qualidade dos movimentos deve predominar sobre a quantidade deles;
- a recomendação (baseada na prática) é que a duração de uma sessão com a *medicine ball* não ultrapasse 40 minutos;
- certificar-se de ter espaço suficiente para realizar os exercícios;
- inicialmente utilizar bolas leves com incrementos gradativos de pesos;
- manter a disciplina.

3.6.1 Abdominal berço

Descrição do movimento: deitado em decúbito dorsal, com os quadris e os joelhos flexionados formando um ângulo de 90°. Os braços deverão estar posicionados acima da cabeça com os cotovelos estendidos segurando a *medicine ball*. Mantendo joelhos e quadris estabilizados, flexionar o tronco elevando os braços em direção ao pé deixando a bola apoiada nos pés. Retornar à posição inicial sem a bola e repetir o movimento, pegando-a novamente.

Observações importantes: não sobrecarregar a cervical (o movimento deve se concentrar mais na região torácica da coluna). Acionar os músculos do *core* durante todo o movimento.

Nível de dificuldade: médio.

3.6.2 Badalo

Descrição do movimento: deitado em decúbito dorsal, com os braços apoiados no solo e os ombros em abdução. Os quadris deverão estar em flexão com os joelhos em extensão, e os pés direcionados para o teto. A *medicine ball* deverá estar entre as pernas. Inclinar as pernas para um dos lados num movimento de pêndulo, mantendo a ação dos músculos do *core*. Alternar simultaneamente de um lado para o outro.

Observações importantes: não acionar os músculos do *core*, o que pode ocasionar desestabilização do tronco. Manter os músculos dos membros inferiores ativados para que a *medicine ball* não caia.

Nível de dificuldade: alto.

3.6.3 Oferenda

Descrição do movimento: deitado em decúbito dorsal, com os braços estendidos e elevados acima da cabeça, segurar a *medicine ball*, deixando os quadris e os joelhos estendidos. Rolar a coluna para cima e para a frente, deixando os braços paralelos às pernas, mantendo o abdômen contraído e longe da coxa. Retornar à posição inicial.

Observações importantes: evitar retirar os pés do chão e manter a ativação dos músculos do *core*, além de não encostar os ombros na orelha.

Nível de dificuldade: alto.

* Variação.

3.6.4 Saudação ao sol

Descrição do movimento: sentado nos calcanhares, com o tronco ereto e os braços elevados acima da cabeça segurando a *medicine ball*. Flexionar a coluna para a frente e para baixo, levando os braços em direção ao solo. Retornar à posição inicial.

Observações importantes: evitar a tensão nos ombros e não retirar os glúteos dos calcanhares.

Nível de dificuldade: médio.

3.6.5 Subida garçom

Descrição do movimento: deitado em decúbito dorsal, com os joelhos e os quadris estendidos, um dos braços elevado segurando a *medicine ball* e o outro alinhado ao lado do corpo. Elevar o tronco do solo, mantendo uma das mãos apoiadas; em seguida, flexionar os quadris e joelhos, apoiando os pés no solo. Direcionando a bola para o teto, alongar o corpo, posicionando-se em pé. Retornar à posição inicial.

Observações importantes: o acionamento dos músculos deve ser mantido durante todo o movimento e a bola não poderá cair.

Nível de dificuldade: alto.

3.6.6 Agachamento com *medicine ball* acima da cabeça

Descrição do movimento: em posição de agachamento, pés paralelos, joelhos e quadris levemente flexionados. Realizar o agachamento elevando a bola acima da linha da cabeça. Retornar à posição inicial.

Observações importantes: não perder o alinhamento dos joelhos e dos tornozelos.

Nível de dificuldade: médio.

3.6.7 Passada à frente com *medicine ball* acima da cabeça

Descrição do movimento: em pé, com os pés paralelos, o tronco ereto e os cotovelos flexionados segurando a bola na linha do esterno. Passar uma das pernas à frente, realizando flexão de joelhos e quadris, elevando os braços acima da cabeça ao mesmo tempo, segurando o *medicine ball*. Retornar à posição inicial.

Observações importantes: não perder o alinhamento dos joelhos e dos tornozelos.

Nível de dificuldade: médio.

3.6.8 Alongamento

Descrição do movimento: em pé, com as pernas afastadas e paralelas, o tronco ereto e os braços ligeiramente inclinados acima da cabeça segurando a bola. Flexionar o tronco à frente, levando o braço em direção a uma das pernas, fazer o movimento para o outro lado e, em seguida, retornar.

Observações importantes: não sobrecarregar a região lombar nem perder o equilíbrio durante o movimento.

Nível de dificuldade: baixo.

3.6.9 Flexão de braços

Descrição do movimento: em posição de prancha, com o tronco alinhado, pernas estendidas e apoio dos metatarsos no solo. As mãos deverão estar apoiadas na bola. Realizar a flexão do cotovelo, aproximando o corpo do solo mantendo sua organização e seu alinhamento.

Observações importantes: os músculos do *core* devem estar sempre acionados. Bolas de diferentes circunferências também podem ser utilizadas para gerar a instabilidade.

Nível de dificuldade: alto.

Variações

As variações podem ser feitas com apenas uma bola, ou passando a bola de uma mão para a outra.

3.7 Exercícios com DISQ

O DISQ é um equipamento leve e portátil, composto por dois discos com alças retráteis unidos por um cinturão, além de um par de tornozeleiras. Um mecanismo interno com botões seletores nas laterais dos discos permite o ajuste da resistência, que é proporcionada por cabos atados às tornozeleiras. O conjunto DISQ permite a execução de uma série de movimentos integrados e tridimensionais, destinados à melhoria da resistência, força, potência, coordenação e agilidade.

Uma grande vantagem deste equipamento engloba a boa transferência para atividades esportivas que necessitem ativar diversos grupamentos musculares de forma dinâmica, seja para estabilizar, acelerar ou desacelerar movimentos específicos.

De fato, estudos recentes demonstraram que o treinamento tradicional (no qual o isolamento muscular é uma constante) pode não ser o mais indicado para a melhora da *performance* funcional em algumas situações da vida diária ou, até mesmo, do esporte (Distefano et al. 2013).

Dessa forma, o treinamento integrado proporcionado pelo DISQ tende a ganhar bastante popularidade entre praticantes de atividade física e atletas de rendimento.

3.7.1 Componentes do DISQ

Cinturão

O cinturão deve ser posicionado na altura dos quadris, abaixo da cintura. A peça deverá ser fixada firmemente por meio do ajuste das tiras que atravessam a fivela na parte frontal. Os discos propriamente ditos devem apoiar-se exatamente nos ossos dos quadris, ou ligeiramente atrás para mulheres de quadris mais largos. Para este ajuste, abrir o *clip* em cada lado, deslizar o disco e fechar o mecanismo novamente. Etiquetas sobre as tiras do cinturão indicam o lado direito e esquerdo do equipamento.

Tornozeleiras

As tiras para tornozelo suportam o mecanismo composto por uma mola e uma polia que ancoram os cabos de resistência do DISQ. Este conjunto deve estar sempre do lado de fora do tornozelo, com a alça passada por baixo do calcanhar. O cordão dos calçados deverá ser passado através dos ilhoses das tornozeleiras para

total fixação da peça em seu devido lugar. Caso as tornozeleiras causem um certo desconforto na perna, recomendamos o uso de meias longas e mais grossas.

3.7.2 Formas de utilização do DISQ

Opção 1. Alças embaixo da polia: permitem a adição de pouca carga para trabalhos de membros inferiores. Recomendadas para exercícios leves e/ou para pessoas menos treinadas. Neste caso, as alças poderão ficar presas aos velcros das tornozeleiras por questões de segurança.

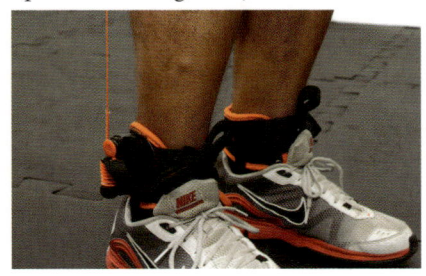

Opção 2. Alças nas mãos: recomendadas para exercícios direcionados a tronco e membros superiores, agachamentos e outros.

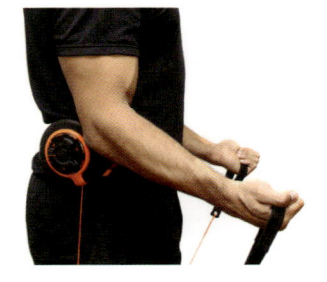

Opção 3. Alças ao redor dos discos: também chamadas de "duplo cabo", recomenda-se para exercícios intensos para membros inferiores.

Ajuste de intensidade

Cada disco possui um dínamo interno que permite o ajuste da resistência
por meio de um botão lateral. Ao girar o seletor para frente, a resistência é aumentada na proporção desejada. Para diminuir a carga, o giro deverá ser feito
no sentido contrário, ou seja, para trás. A carga utilizada nos dois lados deverá
ser predominantemente simétrica, exceto em caso de necessidades específicas,
como esportes e/ou reabilitação. O botão não deverá ser girado além do limite
naturalmente perceptível para que danos não sejam causados no mecanismo
de travamento.

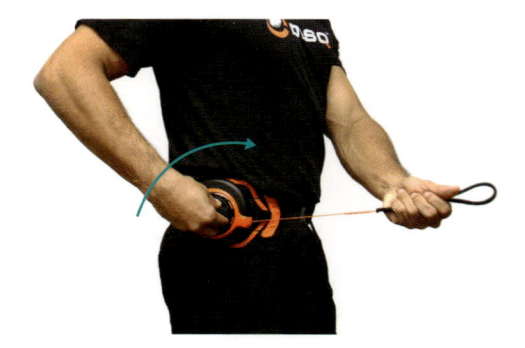

3.8 Exercícios para membros inferiores

3.8.1 *Squat* – agachamento

Formas de utilização do DISQ: opções 1, 2 ou 3.

Descrição do exercício: braços paralelos ao corpo e pés afastados na largura dos ombros. Flexionar os quadris e joelhos, cruzando os braços à frente. Retornar à posição inicial.

Observações importantes: manter o tronco estendido, abdômen contraído e o alinhamento dos joelhos e tornozelos durante todo movimento.

Nível de dificuldade: baixo.

3.8.2 *Lunge* à frente – agachamento anteroposterior

Formas de utilização do DISQ: opções 1, 2 ou 3.

Descrição do exercício: pés afastados na largura dos ombros. Dar um passo grande à frente flexionando o joelho dianteiro, que deverá estar alinhado com a ponta do respectivo pé. Voltar à posição paralela e repetir o movimento pelo lado contrário.

Observações importantes: manter o tronco ereto, abdômen contraído e o alinhamento dos joelhos e tornozelos durante todo movimento.

Nível de dificuldade: baixo.

3.8.3 *Lunge* lateral

Formas de utilização do DISQ: opções 1 ou 2.

Descrição do exercício: pés afastados na largura dos ombros. Dar um passo grande ao lado flexionando um joelho e mantendo o outro estendido. Alinhar o joelho flexionado com a ponta do respectivo pé, que deverá estar um pouco abduzido. Flexionar ligeiramente o quadril, mantendo o tronco estendido e abdome contraído. Repetir o movimento pelo lado contrário.

Observações importantes: manter o tronco ereto, abdômen contraído, joelhos alinhados com a ponta do pé durante todo movimento.

Nível de dificuldade: baixo.

3.9 Exercícios para tronco e membros superiores

3.9.1 Remada aberta

Formas de utilização do DISQ: opção 2.

Descrição do exercício: pés um pouco mais afastados que a largura dos ombros, com os joelhos e quadris semiflexionados, e braços estendidos para baixo. Segurar as alças, elevar os cotovelos abertos, formando um ângulo de 90 graus com o tronco, e retornar à posição inicial.

Observações importantes: acionar os músculos do *core* para maior estabilização do tronco, que deve se manter estendido e imóvel durante todo movimento. Evitar a hiperextensão ou hiperflexão do pescoço, mantendo a cabeça como um prolongamento da coluna.

Nível de dificuldade: baixo.

3.9.2 *Press* inclinado

Formas de utilização do DISQ: opção 2.

Descrição do exercício: pés um pouco mais afastados que a largura dos ombros, joelhos com uma pequena flexão e mãos apoiadas nos ombros. Segurar as alças, estender os cotovelos em diagonal à frente (45 graus), e retornar à posição inicial.

Observações importantes: manter o tronco e os punhos estendidos durante todo movimento. Evitar a anteriorização do pescoço. Contrair os glúteos e acionar os músculos do *core* durante todo o exercício.

Nível de dificuldade: baixo.

3.9.3 Rosca bíceps

Formas de utilização do DISQ: opção 2.

Descrição do exercício: pés afastados na largura dos ombros, joelhos com uma pequena flexão e braços paralelos ao tronco. Flexionar os cotovelos e aproximar as mãos da parte anterior dos ombros. Retornar à posição inicial. Observações importantes: manter o tronco e os punhos estendidos durante todo movimento. Contrair o abdômen.

Nível de dificuldade: baixo.

3.9.4 Tríceps francês

Formas de utilização do DISQ: opção 2.

Descrição do exercício: pés afastados na largura dos ombros, joelhos com uma pequena flexão e braços elevados acima da cabeça. Flexionar e estender os cotovelos, mantendo os braços fechados e paralelos.

Observações importantes: para melhor isolamento do movimento, a articulação escapuloumeral não deverá ser ativada. Manter o tronco e os punhos estendidos durante todo movimento. Contrair o abdômen.

Nível de dificuldade: médio.

3.10 Exercícios integrados e *core*

3.10.1 *Burpee*

Formas de utilização do DISQ: opção 2.

Descrição do exercício: pés afastados na largura dos ombros, joelhos semifle-xionados e braços estendidos à frente do corpo. Realizar uma flexão profunda de joelhos, apoiando as mãos no chão, estendendo os membros inferiores si-multaneamente para trás, com o tronco ereto e paralelo ao chão. Retornar à posição inicial.

Observações importantes: alinhar a cintura escapular, contrair glúteos e acio-nar os músculos do *core* durante todo o exercício.

Nível de dificuldade: médio.

3.10.2 *Swing*

Formas de utilização do DISQ: opção 2.

Descrição do exercício: pés um pouco mais afastados do que a largura dos ombros, joelhos semiflexionados e braços estendidos para baixo do corpo. Segure as alças, flexione apenas os quadris, posicionando as mãos entre os joelhos. Estenda os quadris, elevando os braços estendidos acima da cabeça.

Observações importantes: os joelhos não deverão ser acionados neste exercício, já que a técnica denominada *snap de quadril* indica o uso de uma contração explosiva para gerar movimento. Acionar os músculos do *core* durante todo o exercício.

Nível de dificuldade: médio.

3.10.3 *Mountain climber*

Formas de utilização do DISQ: opção 2.

Descrição do exercício: mãos e pés apoiados, tronco ereto e paralelo ao chão. Flexione o quadril e aproxime o joelho em direção ao peito, enquanto o outro membro permanece no chão pelo apoio do respectivo pé. Inverta a posição dos membros rápida e consecutivamente, preservando a técnica recomendada acima.

Observações importantes: o pé do membro dianteiro não deverá tocar o chão. Alinhar a cintura escapular, mantendo as mãos na linha vertical dos ombros. Contrair os glúteos e acionar os músculos do *core* durante todo o exercício.

Nível de dificuldade: alto.

3.10.4 *Wood chop*

Formas de utilização do DISQ: opção 2.

Descrição do exercício: pernas bem afastadas, enquanto as duas mãos seguram simultaneamente as duas alças do DISQ sobre um joelho. Estender um joelho, flexionar o outro, transferindo o peso do corpo para o lado, enquanto as duas mãos se elevam na diagonal. Repetir o movimento algumas vezes e depois alternar para a diagonal contrária.

Observações importantes: manter o tronco sempre ereto, enfatizar a rotação do tronco enquanto o quadril permanece alinhado para frente. Os pés deverão estar ligeiramente abduzidos e alinhados com os joelhos.

Nível de dificuldade: médio.

3.10.5 Prancha

Formas de utilização do DISQ: opção 2.

Descrição do exercício: antebraços e pés apoiados, tronco ereto e paralelo ao chão. Manter a posição por alguns segundos e logo após relaxar.

Observações importantes: o pescoço se mantém estendido como prolongamento da coluna, sem que sejam enfatizadas a hiperflexão ou a hiperextensão. Alinhar a cintura escapular, mantendo as mãos na linha vertical dos ombros. Contrair os glúteos e acionar os músculos do *core* durante todo o exercício.

Nível de dificuldade: alto.

3.10.6 *Crunch* com extensão de joelhos

Formas de utilização do DISQ: opção 2.

Descrição do exercício: a partir da posição sentado, segurar as alças e colocar as mãos próximas aos ombros. Flexionar os quadris e levar os joelhos em direção ao peito. Estender novamente os quadris e joelhos, sem deixar que as pernas encostem no chão. Repetir o movimento várias vezes, mantendo o abdômen bem contraído.

Observações importantes: acionar os músculos do *core* durante todo o exercício.

Nível de dificuldade: médio.

Referências

BOMPA, T. *Treinamento de potência para o esporte*. São Paulo: Phorte, 2004.

CAMPOS, M. A.; NETO, B. C. *Treinamento funcional resistido para melhoria da capacidade funcional e reabilitação de lesões musculoesqueléticas*. São Paulo: Revinter, 2008.

DISTEFANO, L. J. et al. Comparison of integrated and isolated training on performance measures and neuromuscular control. *J. Strength Cond. Res.*, v. 27, n. 4, p. 1083-90, abr. 2013.

MCMASTER, D. T.; CRONIN, J.; MCGUIGAN, M. R. Quantification of rubber and chain-based resistance modes. *J. Strength Cond. Res.*, v. 24, n. 8, p. 2056-64, 2010.

MONTEIRO, A. G.; EVANGELISTA, A. E. *Treinamento funcional*: uma abordagem prática. São Paulo: Phorte, 2009.

PAGE, P. Clinical force production of thera-band elastic bands. *J. Orth. Sports Phys. Ther.*, v. 30, p. 47-8, 2000.

PAGE, P. et al. Posterior rotator cuff strengthening using theraband in a functional diagonal pattern in collegiate baseball pitchers. *J. Athl. Train.*, v. 28, p. 346; 348-50; 352-4, 1993.

SEKENDIZ, B.; CUG, M.; KORKUSUZ, F. Effects of swiss-ball core strength training on strength, endurance, flexibility and balance in sedentary women. *J. Strength Cond. Res.*, v. 24, n. 11, p. 3032-40, 2010.

LAUDNER, K. G.; KOSCHNITZKY, M. M. Ankle muscle activation when using the both sides utilized (BOSU) balance trainer. *J. Strength Cond. Res.*, v. 24, n. 1, p. 218-22, jan. 2010.

WILLARDSON, J. M.; FONTANA, F. E.; BRESSEL, E. Effect of surface stability on core muscle activity for dynamic resistance exercises. *IJSPP*, v. 4, n. 1, p. 97-109, mar. 2009.

Alexandre Lopes Evangelista

- Graduado em Educação Física – Universidade São Judas Tadeu.
- Especialista em Metodologia do Treinamento Desportivo – Universidad de Matanzas Camilo Cienfuegos (Cuba).
- Especialista em Treinamento Desportivo – UniFMU .
- Mestre em Ciências – Fundação Antônio Prudente.
- Doutor em Ciências – Fundação Antônio Prudente.
- Professor do curso de Educação Física na Universidade Nove de Julho (Uninove), onde ministra as disciplinas de Musculação, Treinamento Personalizado e Prescrição de Exercícios para Grupos Especiais.
- Membro do "Grupo de Estudos em Atividade Física e Promoção da Saúde" e "Biodinâmica do Exercício Aplicado ao Esporte, Saúde e Desempenho Humano", ambos da Universidade São Judas Tadeu.

Jônatas Macedo

- Graduado pela PUC (Campinas) e pós-graduado em Atividade Física Adaptada e Saúde – UniFMU.
- Especializado em Treinamento Funcional e Desempenho Atlético em Treinamento Funcional e *Kettlebell Russian Training* – GAFF.
- Idealizador e proprietário do Studio 2 – *Crossfit* & *Wellness*, trabalha com treinamento funcional e tem mais de 9.000 horas/aula de experiência na área de treinamento funcional, qualidade de vida e saúde.

Roberta Toledo

- Graduada em Educação Física – Universidade Cruzeiro do Sul (2001).
- Especialista em Atividade Física Adaptada e Saúde – UniFMU.
- Professora convidada, na atualidade, nos cursos de pós-graduação em Educação Física pela Universidade Estácio de Sá, além de atuar como *personal training* na rede de academias Bodytech.
- Tem experiência nas áreas de pilates, dança, qualidade de vida e saúde.

Ticiane Marcondes Cruz

- Graduada em Educação Física – USP (2001).
- Mestre em Educação Física – Universidade Metodista de Piracicaba (2014).
- Pós-graduação *lato sensu* em Fisiologia do Exercício e Treinamento Resistido na Saúde, na Doença e no Envelhecimento – USP (2002).
- Foi colaboradora do Ambulatório de Distúrbios do Movimento (Neurologia) do Hospital das Clínicas de São Paulo, sob a coordenação do Prof. Dr. Egberto Reis Barbosa (2004-2006), e também do Ambulatório de Dor Crônica, sob a coordenação da Dra. Lin Tchia Yeng (2010-2011).
- Ministrante do curso de Exercícios com a Bola: Condicionamento Físico e Alinhamento Postural para profissionais da área de Educação Física.
- Coordenadora e Professora do curso de pós-graduação em Método Pilates: Prescrição do Exercício Físico e Saúde – Universidade Estácio de Sá, Universidade Municipal de São Caetano do Sul.
- Formação em Pilates Studio pela Polestar Education – EUA (2003) e em Mat Pilates pela Stott Pilates – Canadá (2009).

Cida Conti

- Graduada em Educação Física - Faculdades Integradas de Guarulhos (1983).
- Ministrou mais de 900 cursos e *workouts* em 26 países: Alemanha, Argentina, Bélgica, Brasil, Chile, Colômbia, Costa Rica, Croácia, Dinamarca, Equador, EUA, Espanha, França, Inglaterra, Itália, Japão, México, Paraguai, Peru, Polônia, Portugal, Rússia, Sérvia, Suíça, Uruguai e Venezuela.
- Diretora técnica e representante oficial DISQ no Brasil.

Sobre o Livro
Formato: 17 x 24 cm
Mancha: 11,5 x 18,5 cm
Papel: Couché 115g
nº páginas: 184
2ª edição: 2015

 Este livro segue o novo
Acordo Ortográfico
da Língua Portuguesa

Equipe de Realização
Assistência editorial
Liris Tribuzzi

Assessoria editorial
Maria Apparecida F. M. Bussolotti

Edição de texto
Gerson Silva (Supervisão de revisão)
Fernanda Fonseca, Roberta Heringer de Souza Villar e Cleide França (Preparação do original e copidesque)
Andrea Marques Camargo, Jonas Pinheiro e Gabriela Teixeira (Revisão)

Editoração eletrônica
Évelin Kovaliauskas Custódia (Diagramação)
Fabiana Lumi, Ricardo Howards e Évelin Kovaliauskas Custódia (Tratamento de imagens)
Douglas Docelino (Ilustrações)

Fotografia
Fernando Paes (Fotógrafo)
Ulysses Neto (p. 49-53, 86-97, 123-125, 137-141) (Fotógrafo)
Carolina de Paula Seravalli, Fabiane Miguel Soares, Roberta Alexandre Gonçalves de Toledo, Rodrigo Luiz de Jesus e Sílvio Carlos Rodrigues Batista (Modelos)

Impressão
Intergraf Indústria Gráfica Eireli